激发与超越

生物产业应用技术人才
创新能力培养"产学研赛创合一"
模式探索与实践

杨 剑◎等著

中国轻工业出版社

图书在版编目（CIP）数据

激发与超越：生物产业应用技术人才创新能力培养"产学研赛创合一"模式探索与实践 / 杨剑等著. —北京：中国轻工业出版社，2022.9

ISBN 978-7-5184-4110-5

Ⅰ.①激… Ⅱ.①杨… Ⅲ.①生物技术产业—人才培养—研究—中国 Ⅳ.①F426.7

中国版本图书馆CIP数据核字（2022）第169519号

责任编辑：贺　娜　　责任终审：白　洁　　整体设计：锋尚设计
策划编辑：江　娟　　责任校对：吴大朋　　责任监印：张京华

出版发行：中国轻工业出版社（北京东长安街6号，邮编：100740）

印　　刷：鸿博昊天科技有限公司

经　　销：各地新华书店

版　　次：2022年9月第1版第1次印刷

开　　本：720×1000　1/16　印张：10.5

字　　数：170千字

书　　号：ISBN 978-7-5184-4110-5　定价：68.00元

邮购电话：010-65241695

发行电话：010-85119835　传真：85113293

网　　址：http://www.chlip.com.cn

Email：club@chlip.com.cn

如发现图书残缺请与我社邮购联系调换

220621K6X101ZBW

序1

一种值得大力推广的技术技能人才创新能力培养方案

我虽长期在本科院校工作，但在深圳职业技术学院（以下简称"深职院"）的老师中有几位是我的学生，同时深圳大学与深职院有比较多的学术交流，所以对深职院的教学、科研及人才培养方案比较了解，同时我也是职业教育的积极支持者。

我国将从制造大国向制造强国转型，急需大量高素质、具有大国工匠精神的技能型人才，另一方面当前科学技术的飞速发展，产业的转型升级，新行业、新岗位与新技术的更新周期越来越短，社会对技术技能人才的要求越来越高，高等职业院校作为技术技能人才培养的基地，亟须向内涵式发展阶段转变。认清高质量发展的基本内涵及存在的障碍，既要与企业结合培养学生具有大国工匠的实践能力，又要通过科研、竞赛等活动培养学生的创新能力，这将成为未来一段时间内高等职业教育发展的方向。

生物产业是国家战略性新兴产业，也是深圳市重点发展的高新技术产业，需要大量创新型应用技术技能人才。为满足产业需求，杨剑教授团队通过多年探索与实践，提出"产学研赛创合一"模式，总结了培养生物技术产业创新型技术技能人才的系统经验。在该书中全面介绍了这一模式的理论基础和实践过程，其核心是以项目为主线，学生自主创新为驱动，使"产、学、研、赛、创"五个要素环环相扣且相互影响，已形成闭环路径并螺旋上升发展的"产学研赛创合一"模式，做到了"产中生学、学中有研、研赛生创、创中有产"，实现了专业创新教育与产业需求对接。这一模式无论在教学理念上，还是方法上，都于职业教育领域体现出显著的创新性和示范性。

特别是该书提出的"激活潜能、主动探索、享受过程"的教学理念。认为学生是探索者和发现者，教师是启迪者和陪伴者，学生参与科研项目、开展项目学习，以及参加各类创新创业大赛时，必须自主寻找项目，独立完成项目，积极参与社会实践，体验项目实施过程的酸甜苦辣，激发创新创业的内生动力。这一理念融入了教育家约翰·杜威提出的"探究式"教学理念，也是唯物辩证法在教学中的运用，即外因要通过内因而起作用。该成果通过教师这一"外因"来激活学生这一"内因"，明晰了"条件"和"根据"的相互关系，抓住了矛盾的主要方面，激活了学生的创新创业潜质，也激发了学生主动探索的热情，使他们在享受创新带来快乐的同时，培养了自己的创新能力。

在解决职业院校学生的创新能力培养的教学问题方面，该书抓住了问题的主要矛盾。对接产业需求，如夯实校内外创新平台，着力解决大学生创新平台不足、实效性不强的问题。没有创新平台，学生无法参与研发实践，深职院与企业联合将生物技术实训基地逐步建成"产学研赛创"融合基地。该基地不仅设备先进，更重要的是研发实力强，项目多，平台建设融入了企业文化、行业规范、市场意识和创新技术等企业元素，学生广泛参与课题研发和技术服务。利用平台的技术、科研项目和成果优势，引导学生积极参加创新工程和创新创业训练项目，并在此基础上遴选项目，学生团队参加国际大学生各项竞赛，如基因工程机器大赛、中国国际"互联网+"大学生创新创业大赛，这种赛事质量高，赛事时间长，有利于磨练学生的意志，培养学生的综合能力，激发学生的创新思维，培养学生的创新能力；另一特点是将大赛资源转化成教学资源，在专业教学中融入创新元素，致力于解决"专创融合"不深的问题。将赛项任务转化为教学项目，赛项评价转化形成为教学评价，形成良好的以赛促教、以赛促学机制。

实践证明，"产学研赛创合一"模式培养生物产业技术技能人才的创新能力取得了优异成绩。如近几年来，深职院生物技术专业学生，获世界一流大学参与的生物技术领域顶级赛事的多个高等级的奖项；这类毕业生在综合素质、实践和创新能力等方面深受生物企业的认可。我相信，借《中华人民共和国职业教育法》颁布之东风，深职院提出的"产学研赛创合一"模式培养技术技能人才在创新能力方面将会起到重要的引领及示范作用。

深圳大学生命与海洋科学学院名誉院长、教授
中国科学院院士
2022年5月于深圳

序2

技术技能人才创新能力培养的典范

我与深圳职业技术学院（以下简称"深职院"）生物技术专业有着不解之缘。2011年我从美国归来，加入深圳华大基因研究院，同年深职院在华大基因研究院建立校外实训基地。2012年起，我被聘为深职院"产学研用教学指导委员会"成员和兼职教授，无论是华大基因还是我个人都与深职院建立了紧密的合作与交流关系，也见证了深职院生物技术类专业人才培养的探索和实践过程。我饶有兴趣地阅读了杨剑教授团队主编的专著《激发与超越——生物产业应用技术人才创新能力培养"产学研赛创合一"模式探索与实践》，感触颇深，个人觉得该书凝聚着杨教授团队多年来对高端产业技术技能人才培养的深刻思考和探索经验，是高职创新型技术技能人才培养的典范，具有重要的示范和指导意义。

全书共八章，内容包括："产学研赛创合一"模式的理论探讨、校内外平台建设、大赛激发学生创新创业潜质潜能、对接产业引导创新创业教育、围绕创新技术能力深化专业改革及技术技能人才创新培养的经验和做法等。该书的主要内涵是：以项目为主线，以学生自主创新为驱动，使"产、学、研、赛、创"五个要素环环相扣且相互影响，形成闭环路径和螺旋上升发展的"产学研赛创合一"模式，实现了专业创新教育与产业需求相对接。这一创新模式不仅回应了生物技术产业对创新型技术技能人才的迫切需求，也契合了国家职教改革的新动向，正如教育部《高等职业教育创新发展行动计划（2015—2018年）》及《关于实施中国特色高水平高职学校和专业建设计划的意见》所要求的。个人觉得该专著具有如下特色。

1. 平台建设融入企业元素，与龙头企业深度融合

深职院生物技术创新平台建设融入了企业文化、行业规范、市场意识和创新技术等企业元素，密切跟踪生物行业新技术、新模式、新业态，对接未来产业变革和技术进步趋势，调整人才培养定位，更新教学内容，将新技术、新工

艺、新规范等产业先进元素纳入教学标准和教学内容，确保培养目标适应岗位要求、教学内容体现主流技术、人才培养体系与时俱进。

于生物技术龙头企业华大基因（总部位于深圳）建立校外实训基地，逐步成为深圳市生物技术公共实训基地，联合定制人才培养方案，开发项目化课程和1+X证书，指导学生参加大赛和开展科研项目，联合培养研究生，构筑高质量、紧密合作型校外实训与技术创新平台体系，实现与华大基因的深度融合。

2. 教学理念先进，创新教育方法切实可行

在"激活潜能、主动探索、享受过程"这一理念下，重构师生角色：学生是探索者和发现者，教师是启迪者和陪伴者。因而在创新教育实践中，引导学生积极参加创新工程和创新创业训练项目，并在此基础上遴选和组建优秀项目团队参加国际大学生基因工程机器大赛、中国国际"互联网+"大学生创新创业大赛等有影响力的赛事，激发学生创新思维，培养科技创新能力。

在大赛过程中，杨剑教授团队坚持以学生为主体，积极引导学生自主创新。主要做法包括：坚持项目创意来自学生，项目要体现社会价值和市场应用前景，注重社会实践，自主实施、攻坚克难，跨界组队，强化交流等。我与杨剑教授在科研和教学方面有着深度合作，譬如合作开展降血压肽的研究、联合培养博士生和博士后、联合指导学生大赛等。特别在指导学生大赛过程中，杨教授重视企业调研，坚持项目要有市场前景和创新性，加强对接行业主流技术。在长期合作过程中，我觉得这些做法完全符合高等职业教育规律和职业院校学生特点，有利于培养职业院校学生的综合创新能力。

3. 成效显著，推广性强

教学成果的落脚点是人才培养效果，而深职院在这方面成效显著。2019—2021年，获得世界一流大学广泛参与的生物技术领域顶级赛事"国际基因工程机器大赛"（iGEM）3项金奖以及4个含金量极高的"最佳项目"和"提名奖"等单项奖；获得"互联网+"大学生创新创业大赛国赛金奖3

项。这两类奖项充分体现了深职院在校学生的创新能力，成绩喜人。

深职院生物技术类的毕业生在综合素质和创新能力方面，也得到用人单位的广泛认可。以我所在的华大基因为例，深职院生物技术专业成为华大基因招聘人才的主要来源地之一，先后有70余位毕业生在华大基因工作，遍布研发、生产、检测、销售和管理等部门的关键岗位，有的甚至已成长为课题组长或部门负责人。例如2016年毕业的邓秋婷同学，科研能力突出，发表SCI论文10余篇，获国家发明专利1项，目前在中国科学院大学华大教育中心在职攻读博士学位，并指导两名硕士生的毕业论文工作；2012年毕业的肖丽萍同学，在研发、生产和销售等岗位工作过，技术能力强，创新思维能力优秀，综合素质高，目前担任华大咖啡销售经理，在她的带领下华大咖啡在产品市场推广上取得了不俗成绩，受到公司负责人的高度赞赏。从文中我也了解到，本书涉及的有关成果已在该校和众多职业院校中得以示范、推广，中央教育电视台、新华网、学习强国等主流媒体皆加以广泛报道。

在此，我谨向职业院校管理者、专业教师、职教研究者、企业管理者和技术人员等推荐此书，相信大家一定会受益匪浅；也希望大家积极参与创新人才的培养，为祖国腾飞和民族复兴添砖加瓦。

深圳市华大海洋研究院院长
广东大百汇海洋科技集团首席科学家
中国科学院大学博士生导师
俄罗斯自然科学院外籍院士
2022年5月

序3

一部探索技术技能人才创新能力培养的佳作

吾与杨剑教授结缘于职业教育,近闻其欲将数十年来在技术技能人才培养方面的心得和经验进行总结、提炼,梳理成文付梓出版,闻之甚为之喜。杨剑教授及其团队成员深耕于职业教育,专注于生物产业应用技术人才培养,长期坚持产教融合、校企合作,培养了大批优秀技术技能人才。今其将实践理论化、经验范式化,以供更多从事职业教育的教师参考借鉴,其行可表,其事可扬,影响积极。几观其文,深以为如下方面确可彰显特色,广为推行。

1. 培养模式科学且具有创新性

为了适应产业转型升级和经济社会发展对技术技能人才的需求,杨剑教授及其团队重构教学理念,做到"产中生学,学中有研,研赛生创,创中有产",创造性地提出"产学研赛创合一"的人才培养模式。该模式是"大职业教育主义"的具体实践,是高素质技术技能人才培养的现实要求。我国职业教育先驱黄炎培先生早已提出,只从职业学校做工夫,不能发达职业教育;只从教育界做工夫,不能发达职业教育。他认为办职业学校的,须同时和一切教育界、职业界努力沟通和联络。黄炎培先生提出要到实际生活中去,绝不能关起门来办教育。1919年杜威来华讲学期间亦提出,教育之为事,不惟训练人之脑,尤当训练人之手。黄炎培先生对其观点进行研究后亦表示赞同,认为"从教育言,手脑并练以发展其本能。"杨剑教授团队十分注重学生综合能力培养,在专业课程的实训项目中,引导学生创新思维,培养学生敢想、敢试和敢闯的精神。杨剑教授及其团队提出的"产学研赛创合一"人才培养模式是开门办学的最好体现,是"知行合一"开展培养人才的形态呈现,他们走出了一条产教融合、校企合作的创新道路。

2. 三教改革提质且具有示范性

2021年4月,习近平总书记对职业教育工作作出重要指示强调,在全面建设社会主义现代化国家新征程中，职业教育前途广阔、大有可为。他要求，加快构建现代职业教育体系，培养更多高素质技术技能人才、能工巧匠、大国工匠。贯彻落实总书记的指示精神，职业院校须加强三教改革，努力促进职业教育提质培优。杨剑教授及其团队长期坚持"产学研赛创合一"，在教师、教材和教法等方面进行了一系列改革探索。他们秉承学生是探索者和发现者、教师是启迪者和陪伴者的理念，在教育教学中，杨剑教授及其团队成员率先努力实现自身的理念转变、知识更新和技术技能提升，努力提高团队教师参与研制生物技术专业人才培养方案的能力，提高生物技术专业结构化模块式教学的能力，提高运用现代教育理论及方法开展理实一体化教学的能力，提高编写与时俱进的符合现代职业教育高质量发展需要的高水平教材的能力。他们带领学生深入企业和市场调研，积极开发项目化课程，开发"1+X"证书，指导学生大赛，引导学生参加创新工程和创新创业训练项目，开展科学研究，激发学生创新思维，培养创新能力。通过三教改革，增强了队伍的凝聚力，提高了人才培养的竞争力，他们的做法具有积极的示范意义。

3. 育人成果丰富且具有实效性

陶行知先生曾说过，先生不应该专教书，他的责任是教人做人；学生不应该专读书，他的责任是学习人生之道。立德树人是职业院校的根本任务，杨剑教授及其团队通过"产学研赛创合一"模式，努力开展立德树人工作。立德树人，教师须率先垂范。《墨子·修身》有云，"志不强者智不达，言不信者行不果。"在杨剑教授的带领下，其团队取得了丰硕的育人成果，该专业学生先后获中国国际"互联网+"大学生创新创业大赛国赛金奖、省赛金奖、省赛银奖等多个奖项；获国际生物技术"国际基因工程机器大赛"金奖；获广东省"挑战杯"大学生课外科技作品金奖、铜奖；获全国高等职业院校"发明杯"创新创业大赛金奖、银奖、铜奖多项；2019—2021年生物技术类学生申请了多项发明专利和授权专利；近年来学生平均就业率都在高位运行且专业相关度较高；毕业生的创新能力和综合素质受到了用人单位高度好评。2015年李克强总理在北京中关村考察调研时强调，推动大众创业、万众创新是充分激发亿万群众智慧和创造力的重大改革举措，是实现国家强盛、人民富裕的重要途径。提出要让创业创新成为时代潮流，汇聚起经济社会发展的强大新动能。职业院校是高素质技术技能人才培养的重要载体，肩负着推动大众创业、万众创新的重要使命，杨剑教授及其团队十分注重培养学生创业能力，通过"产学研赛创合一"人才培养，该专业毕业生创业率高达7%，为职业院校"双创教育"做出了实绩，发挥了引领作用。

"问渠那得清如许？为有源头活水来。"杨剑教授及其团队在生物技术专业人才培养方面取得了很多可圈可点的成绩，受到主流媒体的广泛关注，受到学生和家长的广泛赞誉，受到社会和用人单位的普遍好评。揆诸其因，皆系团队教师辛勤耕耘，努力探索。教师有活力，教育才有生机。该书稿鲜活的文字溢透出了高质量职业教育的生机，让读者看到灿烂的阳光下、明亮的教室里、现代化的车间和实习实训工位上，一张张青春的笑脸洋溢着收获知识、提升技能的快乐。

湖北大学教育学院院长、职业教育研究院院长，教授
教育部职业院校教育类专业教学指导委员会委员
2022年5月

前言

培养学生创新创业能力是高职教育人才培养目标的一项重点内容，特别是对于生物产业应用技术人才培养来说更是如此。生物技术产业是国家战略性新兴产业，具有技术迭代快，迫切需要能够应对产业挑战的高素质创新型应用技术技能人才。但是，创新创业人才培养不是孤立实施的，而是必须融入高职教育一切教育行动之中。如何使高职教育创新创业能力培养与产业企业深度融合、与科技研发融合、与技能大赛融合、与创新创业活动本身融合？需要在实践中不断探索。为此，深圳职业技术学院生物技术类专业自2005年中央职业教育生物技术实训基地开始，在华大基因的深度参与及支持下，经过15年的研究与实践，成功探索了"产学研赛创合一"模式，以培养满足产业对高职生物技术类专业技术人才的需求。

就理论基础而言，"产学研赛创合一"模式的立论逻辑是杜威实用主义技术哲学认识论。在高职教育培养生物产业应用技术人才的创新能力研究中，我们把"探究行动"作为理论建构的逻辑起点，提出"创新能力是特殊探究行动的结果"。在此基础上，"产学研赛创合一"模式基于"激活潜能、主动探索、享受过程"理念，围绕培养学生的创新创业能力，把"产"（对接以华大基因为龙头的生物技术产业链）、"学"（以学生为主体对接产业发掘项目）、"研"（依托技术平台实施项目研发）、"赛"（遴选优质项目参加创新创业类大赛）、"创"（增强创新意识，提高创新创业能力）等五个方面环环相扣，形成五位一体"合一"。这种"合一"是以项目为主线，以学生自主创新为灵魂，其特色是：高质量、紧密型、重价值。实践证明，"产学研赛创合"模式解决了高职生物技术类人才培养过程中学生创新创业能动性不足、创新创业平台缺乏以及"专创融合"深度不够等核心问题，在生物技术类人才创新创业能力的培养理念、模式和方法等方面进行了创新。

高职教育培养生物产业应用技术人才的创新创业能力是一个系统工程，要高质量实现这个系统工程，需要系统各要素协同创新，产生非线性整体性效应。那么，在高职教育产学研用协同育人系统中，有哪些要素可以发挥效用呢？"产学研赛创合一"模式把产业的生产过程、学校的教学过程、技术的研发过程、大赛的参与过程和创新创业能力培养融合在一起，进行协同育人。在"产学研赛创合一"的实践过程中，我们始终坚持以下几点。

第一，与华大基因合作共建校外产业创新教学基地，实现"产中生学"。我们认为，高职教育创新创业能力培养与产业的融合互动既是职业院校创新创业教育发展的必由之路，也是互联网和数字经济时代产业发展的内在需求，职业院校的创新创业教育只有深深扎根于产业之中，解决产业发展面临的问题，满足产业发展需求，服务于产业发展，才能真正培养出高素质的创新创业型人才。我们与华大基因联合建立产教融合型企业和深圳市公共实训基地；2018年获批深圳市公共实训基地，2020年华大基因股份公司获批广东省及深圳市首批产教融合型企业。与华大基因联合制定人才培养方案、专业标准、开发项目化课程、指导学生大赛、开展科研项目；专业及时将华大的最新工艺、技术及培训资料和创新理念融入课程内容。

第二，将生物技术创新平台打造成学生创新能力培养的主战场，实现"学中有研"。我们把创新研究作为专业开展创新创业教育的基础，因为没有高水平的创新研究，专业的创新创业教育就成为无源之水、无本之木，就不可能有专业创新创业教育的健康可持续发展。但是，作为以培养一线应用型技术人才为主要目标的高职院校，科研工作应该如何定位？应该如何正确处理教学、科研与社会服务之间的关系？科研的重点应该在哪里？这是高职院校开展科研工作应该首先解决的问题。根据高职院校的办学任务和办学特点，我们认为，高职院校科研工作应该以应用技术研发为主，科研的主战场应该面向企业生产实际，应该把对接产业需求、解决企业和行业发展面临的技术和管理问题作为学校科研的主攻方向，把为教学和地方社会经济发展服务作为科研的主要目标，这样才能形成高职院校科研工作的特色，发挥高职院校创新研究的应有作用。结合生物技术行业特征，我们形成了"大胆假设-深入调研-自主探究-多元评价"的十六字教学方法。这一教学方法包括四个步骤：第一步是教师结合专业技术引导学生大胆设想；第二步是深入企业和社区调研，发现问题；第三步是依托平台的技术力量自主探究，积极申报创新创业项目；第四步是教师引导学生对研究成果做展示讲解，接受其他各组同学的质疑询问，从创新性、市场前景、产品质量和社会实践效果多维度评价，并遴选项目参加国际大学生基因工程机器大赛和"互联网+"大学生创新创业大赛，极大地增加了学生创新创业的信心。

第三，借国际基因工程机器大赛对高职学生创新能力培养，实现"研赛生创"。我们认为，学生是探索者和发现者，教师是启迪者和陪伴者。开展创新创业大赛既是提高大学生创新创业实战能力的重要手段和环节，又是创新创业文化氛围营造的关键要素和重要途径之一。学生参与科研项目、开展项目化学习及参加各类创新创业大赛时，必须自主寻找项目，独立完成项目，积极投入社会实践，体验项目实施过程的酸甜苦辣，激发创新创业的内生动力。我们树立"激活潜能、主动探索、享受过程"的新理念，充分利用平台的技术、科研项目和成果优势，引导学生积极参加创新工程和创新创业训练项目，并在此基础之上遴选项目团队参加国际大学生基因工程机器大赛等有影响力的创新创业赛事，来激发学生创新思维、创业意识，培养创新创业能力。我们认为，从大赛的主办者来说，大赛的主题、赛道的设置、组织形式与过程、评判的标准与形式等都要符合国家产业发展战略，要广泛吸引行业企业参与，使创新创业大赛能够紧跟产业发展的步伐。这一点从"互联网+"全国大学生创新创业大赛组织的变化来看，与产业界的联系已经越来越紧密了；从参赛学校和参赛学生角度来说，参赛学生通过参加大赛的项目遴选、研发、备赛、参赛等整个过程的磨练，要打通高校智力资源和企业发展需求，协同解决初创企业、成熟企业发展中所面临的技术、管理等现实问题，助力产业的发展。

第四，以"互联网+"大赛激发学生创新创业潜质潜能，实现"研赛生创"。首先，我们将大赛资源转化成教学资源，在专业教学中融入创新创业元素，吸纳"互联网+"大学生创新创业大赛的先进经验，将赛项任务转化为教学项目、赛项评价转化形成为教学评价，形成良好的以赛促教、以赛促学机制。改革教法、完善实践，将大赛成果转化成专业课程教学资源。积极探索将创新创业能力的培养和专业技能融入教学全过程，促进两者的有机融合，推行启发式、讨论式、案例式和研究型教学模式，培养学生敢想、敢试和敢闯的精神。其次，将创新创业教育实践与产业发展有机结合，通过大赛备赛促进学生了解产业发展状况，培养学生解决产业发展问题的能力。我们鼓励学生在理解企业需求、解决企业实际问题的前提下，有针对性地遴选参赛项目，组织学生参赛。同时，将参加大赛所积累的资源转化为创新创业教育的教学资源，将其运用到专业的创新创业教育和人才培养工作中。

第五，以产业需求引导创新创业教育，实现"创中有产"。"创中有产"的"创"既指创新创业教育，也包括创新研究，而这里的"产"主要指产业，当然也包括生产。那么职业院校的创新研究和创新创业教育为什么要以产业需求为引导，为什么要与产业深度融合？这既是由职业院校创新创业教育的内涵和特点决定的，也是现代产业发展的需要。以产业需求引导创新创业教育是指产业需求引导创新创业教育发展方向，创新创业教育要加强和行业企业的关系，解决产业发展难题，满足产业发展需要，培养产业发展需要的创新创业型人才，服务产业发展，助推产业转型升级。那么，在职业院校创新创业教育中如何落实以产业需求为引导的教育理念？我们在实践中对接深圳生物产业链，对接产业需求，夯实校内外创新创业平台。特别是，我们将中央职业教育生物技术实训基地逐步建成"产学研赛创"融合基地。该基地拥有1个部级、3个市级和1个校级研发及技术服务平台，各类平台建设融入企业元素，研发实力雄厚，学生广泛参与课题研发和技术服务。

我们在多年的实践中成功构建了生物产业应用技术人才培养的"产学研赛创合一"模式，把培养学生创新创业能力与产业需求、项目研发、大赛驱动和探索学习紧密融为一体，强调产业为用、项目为体、大赛为引、平台为基，把创新创业教育贯穿专业人才培养的全过程，积极推进生物技术类人才创新创业能力的培养。模式的关键词"合一"，是以项目为主线，以学生自主创新为灵魂。该模式的特色是：

（1）高质量　一流的企业、平台、优质项目和有影响力的赛事合一。

（2）紧密型　突出体现在与华大基因深度合作，共建的平台通过了专家评审，政府认定。

（3）重价值　立德树人、主动探索是"合一"的价值观。

根据麦可思公司调查数据，深职院生物技术及应用专业2016—2018届毕业生平均就业率高达97%、月收入5628元、75%（高于全国示范职业院校同类专业，分别为94%、4075元、61%），平均创业率达到了7%以上。本校生物技术专业在就业质量核心要素方面彰显了强劲的优势。2018—2021年，我们的生物技术类专业学生100%参加"互联网+"大学生创新创业大赛或国际大学生基因工程机器大赛，学生申请专利16项，其中发明专利6项，授权专利6项。2021年"金平果排行榜"（中评榜）显示，深职院的食品生物技术专业位居全国排名首位。

总结"产学研赛创合一"模式培养应用技术人才创新能力探索与实践之路，我们得出以下几点基本经验：第一，高职教育能够培养掌握复杂性技术知识且具有创新能力的研发助理人才；第二，高职教育培养应用技术人才创新能力的理论建构的逻辑起点是"探究行动"；第三，高职教育培养应用技术人才创新能力是一个"协同育人"过程；第四，促进"产学研赛创合一"模式的有效运行，需要有足够数量的充分开放的创新平台；第五，促进"产学研赛创合一"模式的有效运行，需要把学生看作探索者和发现者，让教师成为启迪者和陪伴者；第六，高职教育培养应用技术人才创新能力不仅是一个探究的行动，而且更是一种精神。第七，"产学研赛创合一"模式的有效运行和可持续发展，不仅需要持续不断的实践探索，而且需要持续不断进行职业教育学的理论探索。

2022年5月

目录

第一章 "产学研赛创合一"模式的理论探讨 1

 第一节 从实用主义技术哲学看"产学研赛创合一"模式的立论基础 2

 第二节 "产学研赛创合一"模式培养生物技术人才创新能力的特征分析 5

第二章 产中生学：与华大基因合作共建校外产业创新教学基地 11

 第一节 十年合作，搭建创新教育平台 13

 第二节 基于华大创新基地，合作实现"产中生学" 19

 第三节 "产中生学"共谱产教融合创新育人新成效 26

第三章 学中有研：将生物技术创新平台打造成学生创新能力培养的主战场 29

 第一节 生物技术实训基地创新技术平台的建设过程 31

 第二节 生物技术实训基地创新技术平台建设特点 38

 第三节 依托生物技术创新平台培养学生创新能力，实现"学中有研" 43

 第四节 "学中有研"主要成效 47

第四章 研赛生创：以国际基因工程机器大赛（iGEM）促进高职学生创新能力培养 49

 第一节 iGEM赛事内容介绍与特点 51

第二节　深圳职业技术学院SZPT-CHINA团队参赛过程　53

第三节　iGEM赛事主要成效　65

第四节　iGEM赛事主要经验　71

第五章　研赛生创：以"互联网+"大赛激发学生创新创业潜质潜能　73

第一节　"互联网+"大赛概况与特点　75

第二节　"互联网+"大赛备赛过程　79

第三节　"互联网+"大赛成效　83

第四节　"互联网+"大赛主要经验　85

第六章　创中有产：以产业需求引导创新创业教育　87

第一节　创新创业教育源于产业　89

第二节　以产业需求引导创新创业教育的具体做法　92

第三节　创中有产，创助于产业成效　101

第七章　专创融合：围绕创新技术能力深化专业改革　107

第一节　对接产业，重构人才培养方案与课程体系　111

第二节　围绕创新教育深化"三教改革"　126

第八章　"产学研赛创合一"模式的教学应用价值和成功经验　131

第一节　"产学研赛创合一"模式的教学应用价值　132

第二节　培养应用技术人才创新能力的成功经验　134

附录1　2017—2021年生物技术及相关专业学生各类比赛获奖情况　137

附录2　大事记　140

后记　144

参考文献　149

第一章

"产学研赛创合一"
模式的理论探讨

 第一节 从实用主义技术哲学看"产学研赛创合一"模式的立论基础

实用主义技术哲学认识论

实用主义技术哲学的代表人物是美国哲学家约翰·杜威(以下简称杜威)。杜威关于实用主义哲学的认识论使我们可以非常清楚地看到所谓"技术知识"的意义。关于实用主义的认识论,杜威有这样的论述:"实用主义的认识论的本质特征是坚持认识和有目的地改变环境之间的连续性。实用主义的认识论主张,在严格的意义上,知识包含我们理智方面的种种资源——包含使我们的行动明智的全部习惯。只有已经组织到我们心理倾向中的那种知识,使我们能让环境适应我们的需要,并使我们的目的和愿望适应我们所处的情境,才是真正的知识。知识不仅仅是我们现在意识到的东西,而且包含我们在了解现在所发生的事情中有意识地运用的心理倾向。知识作为一个行动,就是考虑我们自己和我们生活的世界之间的联系,调动我们一部分心理倾向,以解决一个令人困惑的问题。"[1] 从杜威的这段话中我们看出,实用主义技术哲学把"知识看作一个行动",据此逻辑,"技术知识"是什么呢?

杜威把知识作为行动,其意思是知识只有在行动中体现效用才有意义。杜威指出:"真正的知识都有依附于有效率的习惯的实用价值。"[2] 在这里,杜威认为,技术知识就是具有实用价值的行动知识,或者称为"工作过程知识"。在杜威看来,技术知识是命题而不是断言(判断),因为"命题的内容是中间性和代表性的,而且是用符号所表达出来的;而判断则是在最后做出的,具有直接存在

---

[1] 约翰·杜威. 民主主义与教育[M]. 王承绪, 译. 北京: 人民教育出版社, 1990: 362.
[2] 约翰·杜威. 民主主义与教育[M]. 王承绪, 译. 北京: 人民教育出版社, 1990: 359.

的重要性"。[1]命题仅仅是手段、工具，是一些操作的终结。通常，命题是用语言陈述出来的。也就是说，技术知识是用语言描述"技术作为行动"的工具，这种描述是操作的终止，却是探究的延续。因此，技术知识与理论知识不同，不是某个命题的逻辑推演，而是一个探究过程，即"寻求确定性"的过程。作为以培养学生技术应用能力为主要特色的高职教育来说，学生在校学习期间所要掌握的不是以理论知识为主，而是以技术知识为主，以培养学生的技术应用能力和技术创新能力为主。也就是说，高职院校应该引导学生在参与专业技术探究行动的过程中习得和掌握专业技术知识，提升学生的技术应用能力和技术创新能力，从而实现高职院校的人才培养目标。

二 创新能力是特殊探究行动的结果

杜威的哲学思想被公认为现代职业教育的理论基础。我们根据杜威的实用主义技术哲学认识论，在高职教育培养生物产业应用技术人才的创新能力研究中，把"探究行动"作为理论建构的逻辑起点，认为创新能力是特殊探究行动的结果。我们研究理念的提出来自杜威的名言："一切知识都是特殊探究行动的结果。"[2]

为什么要建立"产学研赛创合一"模式呢？因为职业教育培养应用技术人才，其创新能力培养的特殊探究行动必须和生产技术相融通，这其中当然少不了技术项目的研发。把与生产技术合一的研发成果用于参与竞赛项目，也是因为该竞赛项目的操作性、探究性和应用性。总之，将"产学研赛创"这些与专业学生技术应用能力和技术创新能力培养有关的探究行动等各要素相融合，发挥各自育人优势，展开"探究行动"，这是本专业有效实现人才培养目标的基本逻辑。

必须指出，培养生物产业应用技术人才创新能力的"产学研赛创合一"模式

---

1 约翰•杜威. 人的问题［M］. 傅统先，等，译. 南京：江苏教育出版社，2006：356.
2 约翰•杜威. 确定性的寻求：关于知与行关系的研究［M］. 傅统先，译. 上海：华东师范大学出版社，2019：180.

是符合教育规律的系统性建构，不是为了完成企业的某项生产任务、研发任务，或者为了参加某个国际大赛而进行的碎片化设计。杜威认为，技术就是制造人工制造物（既可以是有形的物质产品，也可以是无形的精神产品）的过程，这个过程不是随意的，而是系统化的，即探究活动是系统化的活动。据此，杜威建立了他的探究方法论，即"反省思维的五个形态"或"一般特征"，人们后来将之常称作"思维五步骤"。主要内容是：①困惑、迷乱、怀疑，因为我们处在一个不完全的情境中，这种情境的全部性质尚未决定；②推测预料——对已知的要素进行试验性解释，认为这些要素会产生某种结果；③审慎调查（考察、审查、探究、分析）一切可以考虑到的事情，解释和阐明手头的问题；④详细阐发试验性的假设，使假设更加精确，更加一致，因为与范围较广的事实相符；⑤把所规划的假设作为行动计划，应用到当前事态中去，进行一些外部行动，造成预期结果，从而验证假设。[1]该"思维五步骤"构成了探究行动的一个系统，但它们的顺序不是固定不变的，而且每个阶段也都可以扩充，包含若干分段。杜威认为，研究反省思维的特征，直接影响到学校教学，教学的根本意义在于培养学生的良好思维习惯。

根据杜威的探究行动逻辑和反省思维五个步骤，我们在"产学研赛创合一"模式建构中，结合生物技术行业特征，进行了培养人才创新能力的方法创新，形成了"大胆假设-深入调研-自主探究-多元评价"的教学方法，分为四个步骤：第一步是教师结合专业技术引导学生大胆设想；第二步是深入企业和市场调研，发现问题；第三步是依托平台的技术力量自主探究，积极申报创新创业项目；第四步是教师引导学生对研究成果做展示讲解，接受其他各组同学的质疑询问，从创新性、市场前景、产品质量和社会实践效果等进行多维度评价。

---

[1] 约翰·杜威. 民主主义与教育[M]. 王承绪, 译. 北京：人民教育出版社, 1990: 165.

第二节 "产学研赛创合一"模式培养生物技术人才创新能力的特征分析

一、"产学研赛创合一"模式概述

深圳职业技术学院生物技术专业在实践中探索形成的"产学研赛创合一"模式的内涵是：以项目为主线，以学生自主创新为驱动，使"产、学、研、赛、创"五个要素环环相扣，形成闭环路径并螺旋上升发展的"产学研赛创合一"模式，做到了"产中生学、学中有研、研赛生创、创中有产"，实现了专业创新教育与产业需求对接（图1-1）。具体内容包括：①树立"激活潜能、主动探索、享受过程"理念，基于此理念培养创新能力；②与龙头企业华大基因深度合作，共建实训基地、产教融合基地，开发课程内容，搭建对接产业的途径；③以学生为主体，专业教学中融入创新元素，启发学生在产业和市场中发掘项目；④学生依托一流的技术平台实施项目研发；⑤遴选优质项目参加国内外有影响力的大赛，体验创造过程与艰辛，享受成功喜悦；⑥提高学生的创新创业能力，服务生物产业。

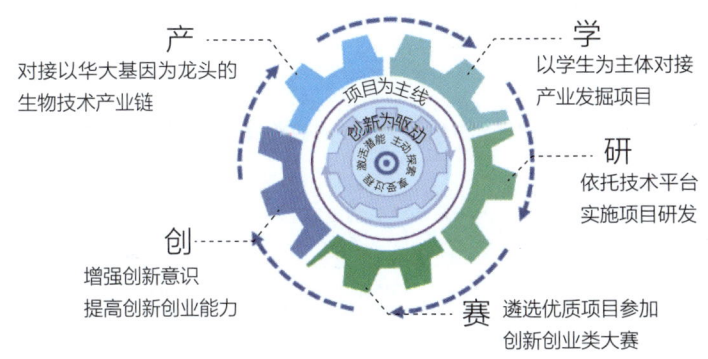

图1-1 "产学研赛创合一"模式

"产学研赛创合一"模式发端于2005年中央职业教育生物技术实训基地立项。从实践的逻辑起点来看,"产学研赛创合一"模式最早时候的启动理由是:生物产业是国家战略性新兴产业,也是深圳市重点发展的高新技术产业和粤港澳大湾区新支柱产业,技术含量高、迭代快,迫切需要创新型应用技术技能人才,然而创新平台缺乏、学生创新能动性不足、"专创融合"深度不够等问题严重制约学生的创新能力培养。为了解决这些问题,深圳职业技术学院生物技术专业的老师们与企业管理人员、学校技术与职业教育研究所的研究人员、创新创业学院的教师通力合作,不断探索创建了"产学研赛创合一"模式(探索历程如图1-2所示)。

"产学研赛创合一"模式的突出特点在于,重构了师生角色,树立"激活潜能、主动探索、享受过程"的教学理念,极大激发了学生探究式、讨论式学习的

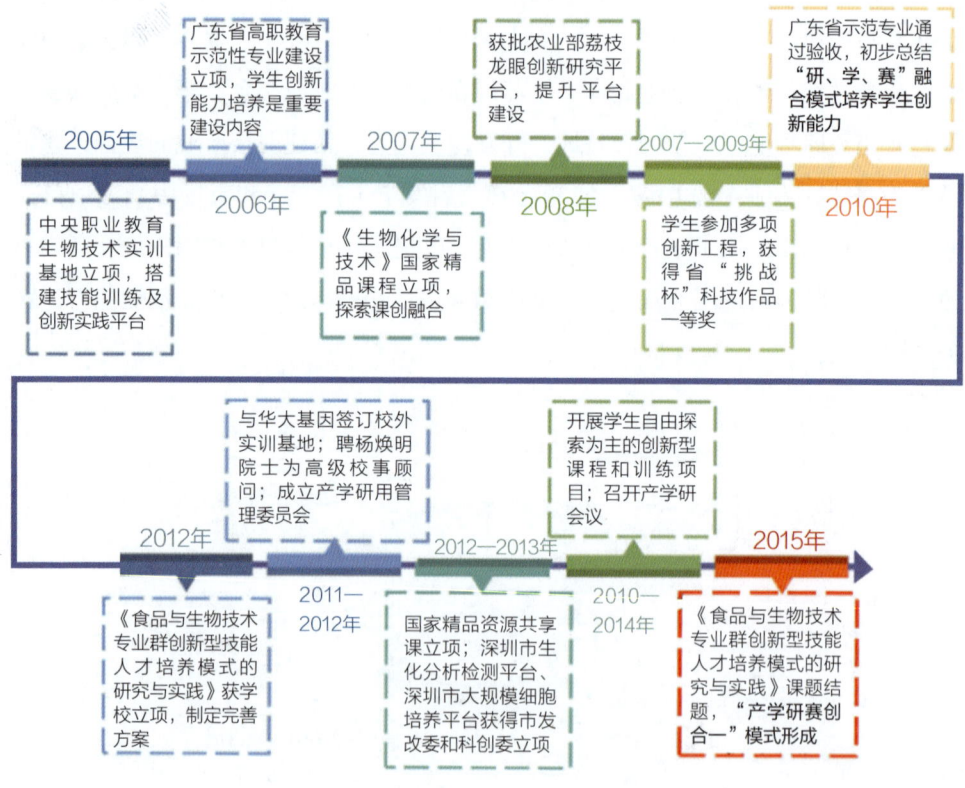

图1-2 "产学研赛创合一"模式形成历程

内生动力,磨练了学生的意志和品格,提升了生物产业应用技术技能人才的创新能力。从该模式2019—2021年实践的具体效果看,已经获世界一流大学广泛参与的生物技术领域顶级赛事——国际基因工程机器大赛(iGEM)3项金奖以及5个含金量极高的"全球最佳"和"提名"等单项奖,获"互联网+"大学生创新创业大赛国赛金奖3项;不少毕业生已经成为企业的业务骨干,专业毕业生的创新创业能力和综合素质得到用人单位的高度肯定;2021年专业排名跃居全国同类专业第一;中央教育电视台对本成果的创新教学和参加国际大赛取得的硕果做了约10分钟深度介绍,学习强国、新华网等20余家主流媒体对本成果做了广泛报道。

三、"产学研赛创合一"模式的特征

一份十多年前的调研发现,"在最需要的人才类型中,约36%的生物企业选择了研究开发型人才"[1],根据这些年来生物技术产业的发展态势,企业的这种对于研发型人才的大量需求只会增加、不会减少。从中可以看出,高校培养生物技术人才应当向研发型人才倾斜。那么,是不是说,研发型人才只有也只能由研究型大学来培养?换言之,作为培养技术技能人才的高等职业院校能不能培养研发型人才呢?

我们认为,高职院校可以培养一种特殊的"研发型人才"——研发助理人才,研发人才与研发助理的职业成长道路是一致的,他们的共同点是特别需要创新能力。正是在这个意义上,我们从杜威实用主义技术哲学的认识论的"探究行动"逻辑出发,把专业创新能力作为一种特殊的探究行动,培养生物产业技术人才的创新能力。就技术的结构而言,技术由"技能模块"构成,但不是技能"叠加",而是互动"耦合",这是一个认知过程、探究过程和证实过程,当然也是"技能知识"向"技术知识"的递升过程;由于这个过程的复杂性,其中必

---

[1] 丁小球,等. 生物类人才需求现状及就业建议——基于广东省部分生物技术企业的调查[J]. 中国大学生就业. 2007(14):113-115.

然不断有错误和纠错的发生；随着技术知识复杂性不断增强，技能从简单到复杂的变化时间也不断缩短。

在"产学研赛创合一"模式中，"产、学、研、赛、创"五个要素环环相扣，相互融合、相互作用，形成一个统一的专业人才培养体系和育人整体。具体来说就是以学生自主创新为主体，以专业师生的创新研究为基础，以产业需求为引导，以校企合作为路径，以创新技术平台为条件，以创新创业赛事活动为载体，以培养学生的创新创业精神和能力为根本目标，发挥"产、学、研、赛、创"各要素育人优势的一种创新型专业技术人才培养模式。

这个模式中，首先强调"产中生学"，即强调把学习与工作建立连接，把学习纳入企业实际工作过程中，这是创新的必要条件，否则创新就是无本之木。在实用主义技术哲学的探究行动中，杜威正是特别强调了教育与工作世界之间的紧密联系，要求学校教育传授知识必须"与在共同生活的环境中所进行的种种活动或作业联系起来"，必须做到使学生能够"在做中学"。其次，这个模式特别强调"学中有研"，意思是高职院校生物技术专业学生的学习应当有"研发"的成分，这也就引出了"探究型教学"。探究型教学思想相信，任何年龄的人都有能力发现世界，因此主张把学习自主权交给学生，让学生像科学家那样去探究发现。著名的昆西教学法、设计教学法、文纳特卡教学法、道尔顿制教学法都可归为探究型教学。探究型教学强调教学目标的开放性、探究性和创造性，不会在每节课都预设死板的考核指标。特别需要指出的是，在"产学研赛创合一"模式中，"竞赛"是很重要的一环，因为这个竞赛不是普通的"学习竞赛"，而是面对真实研发项目的国际基因工程大赛，参与竞赛的过程不仅是工学结合与校企合作的过程，而且是师生共同研发项目的过程，是创造新产品的过程。也正是因为有这些内核，才让本模式具有如下几个显著特征。

（一）创新性

创新性是"产学研赛创合一"模式的第一特征。这一模式的创新性不仅体现在其教育理念、教育模式、教育方法的创新上，还体现在其培养生物应用技术创新型人才的培养目标上，而且体现在该模式的"产、学、研、赛、创"各个要素和环节，都始终注重紧跟现代生物技术发展前沿，让学生了解和掌握产业和专业最新技术，是一种时代之新。

（二）实践性

"探究行动"贯穿于整个"产学研赛创合一"模式之中，体现出鲜明的行动导向和实践特色。无论是在专业人才培养方案和专业教学标准的设计，还是专业课程建设和教学改革；无论是学生自主开展创新研究，还是参与教师的科技研发；无论是参加创新创业大赛的备赛活动，还是为行业企业提供服务，我们都始终把学生的实践参与和实践能力培养放在首位，让学生在参与"产学研赛创"各种实践活动中，掌握专业技术知识，提高技术应用能力和创新创业能力。

（三）协同性

协同性是指"产学研赛创合一"模式涉及学校、政府、行业、企业各方和教师、学校管理与服务人员等各类利益相关体，需要发挥各方的协同育人优势，充分调动各类主体的积极性才能达到预期的育人效果。协同性还指"产、学、研、赛、创"各个要素之间也要高度协同，深度融合，形成合力，才能提高这一模式的育人成效。

（四）复合性

复合性本身是高职教育人才培养的一个重要特征，在"产学研赛创合一"模式中体现的更加突出。一方面是因为创新创业教育本身就具有非常明显的跨学科、跨专业的特点，从不同视角看，创新创业教育与经济学、管理学、社会学、心理学甚至哲学都有关联，与几乎所有的专业都有密切联系；另一方面，培养人才的创新能力需要把专业教育与创新创业教育有机融合起来，在实践过程中通过专业技术探究行动，使学生在掌握专业技术知识同时，其创新精神和意识也得到培养。

高职教育传授具有复杂性的技术知识，这个传授过程既是生产过程，也是研发过程和创造过程，更是一个绵延不绝的人与技术对话的过程。本模式人才培养过程中所体现出的创新性、实践性、协同性和复合性，都是这种探究性特征的重要表现。当然，应当指出的是，在本质上，人与技术对话的意义就是技术如何作为实现人类美好生活的手段，"产学研赛创合一"模式的最终目标是要培养能够为实现人类美好生活服务的创新生物专业技术人才，而不是培养一批仅仅掌握专业技术而缺乏人文情怀和人文素养的机器。因此，本模式在人才培养中始终坚持立德树人的原则，强调技术创新要为实现人类美好生活服务，把学生良好品德和人文素质的培养贯穿于专业人才培养全过程。

第二章

产中生学：与华大基因合作共建校外产业创新教学基地

为适应我国经济发展新形态，经济发展动力从主要依靠资源和低成本劳动力等要素投入转向创新驱动，中华人民共和国国民经济和社会发展第十三个五年（2016—2020年）规划纲要中指出："实施创新驱动发展战略，发展基点放在创新上，以科技创新为核心，以人才发展为支撑，推动科技创新与大众创业万众创新有机结合，塑造更多依靠创新驱动、更多发挥先发优势的引领型发展"[1]。从资金驱动、要素驱动转向创新驱动，迫切需要高质量的创新创业人才投身其中、服务其中，以满足高质量发展所需。开展创新创业教育活动，既是建设创新型国家、提高经济增效的现实需要，也是新时期深化职业教育改革的突破口[2]。然而，目前创新创业教育中仍存在闭门造车、与产业发展需求严重脱节等问题。那么，如何才能培养出符合企业发展需求的创新型人才？如何才能构建出职业教育创新型技术技能人才培养模式？我们认为，专业首先要对接地方产业，深化产教融合、校企合作，与龙头企业搭建校外创新教学基地，实现"产中生学"。国内外研究也表明，需要依靠有效整合校外创新创业资源，建设系统化创新创业教育支持体系，树立"开放、多元"的产学研协同育人理念，创新深度融合联动的产学研合作模式与合作机制，构建全链条融通的创新创业教育支持体系建设，提升科技创新创业人才培养水平和培养成效[3]。

生物技术产业一直是21世纪战略性产业，随着人工智能、大数据在生物医药领域的应用，生物医药产业飞速发展，我国基本形成了以北京、天津、河北为代表的环渤海区，以上海、苏州为代表的长三角区，以深圳、广州为代表的珠三角区和以武汉、成都为代表的中西部区的生物医药产业格局。中共中央、国务院于2019年2月印发实施的《粤港澳大湾区发展规划纲要》指出：生物技术是新支柱产业。深圳，作为粤港澳大湾区最具影响力的城市之一，一直将生物医药作为支柱产业、战略新兴产业、未来产业。自2005年深圳被国家发展和改革委员会认定为第一批国家生物产业基地以来，在基因检测、生物信息、医学影像等细分领域

---

1 中华人民共和国国民经济和社会发展第十三个五年（2016—2020年）规划纲要.
2 张强，廖งา中. 新时代高效创新创业教育理论与实践 [M]. 北京：科学出版社，2020：10.
3 沈云慈. 地方高校创新创业教育支持体系的构建——基于产学研协同全链条融通视角 [J]. 中国高校科技，2020，12：72-76.

优势突出，培育了华大基因、海普瑞、翰宇药业、健康元等一批国家级龙头企业和创新型企业。作为战略新型产业之一，生物技术除了众所周知的"高投入、高风险、高收益、周期长"特征之外，还具有技术含量高、技术更新迭代快、多学科交叉性强等特点，对创新型人才需求更为迫切[1]。

围绕深圳市生物产业发展的特点，基于产教融合，校企合作培养生物技术类专业创新型高技术人才的目标，我们专业积极对接产业需求，与深圳生物技术龙头企业如华大基因于2011年开展合作，经过十余年的深入融合和发展，建立以华大基因为主导的校外综合创新实践基地，成为了本"产学研赛创合一"模式中不可或缺的环节之一，搭建了专业与产业、课程与技术、研究与转化、创新活动与创新教育相结合的平台，实现了"产中生学"。

第一节　十年合作，搭建创新教育平台

华大基因成立于1999年，2007年华大集团落户深圳时，成立了深圳华大基因研究院。秉承"基因科技造福人类"的使命，怀抱"健康美丽，做生命时代的引领者"的愿景，以"产学研"一体化的发展模式引领基因组学的创新发展，已经形成了科学、技术、产业相互促进的发展模式，拥有一支世界一流水平的产学研队伍，建立了核酸测序平台、蛋白质谱平台、细胞学平台、动物克隆平台、微生物平台、海洋生物平台、信息技术平台等智创平台，已成为全球领先的生物产业龙头企业。

1　杨东辉. 生物技术产业的特征及作用［J］. 经济研究导刊, 2011（2）: 56-57.

一 签订校企合作协议，开启共建征程

2007年华大基因落户深圳之时，也是学院生物技术类专业——生物技术及应用专业成立之时。2010年，生物技术及应用专业第一届学生毕业，时任专业主任也即本模式的创建人杨剑教授，组织全部毕业生前往华大基因研究院进行毕业生就业现场面试，为后续正式合作奠定基础（图2-1）。

图2-1 第一届生物技术及应用专业毕业生前往华大基因就业面试

2011年，当时的深圳华大基因研究院与深圳职业技术学院签订校企合作协议，华大基因研究院成为了生物技术及应用专业的校外实习基地（图2-2）。自此之后，每年均有毕业生前往华大基因研究院开展毕业顶岗实习。自签订实习基地以来，为学生提供充足的实习实践机会，每年可提供50～100个实习岗位给应用化学与生物技术学院（简称化生学院）学生（包括暑期工、全周实训生、实习生、毕业生），岗位分布在深圳、武汉、上海等各地分公司，涵盖了现代生物技术行业的各个方面，如核酸检测、细胞培养、医学检测、农业生物技术、海洋生物技术、司法鉴定、生物信息、仪器制造等。

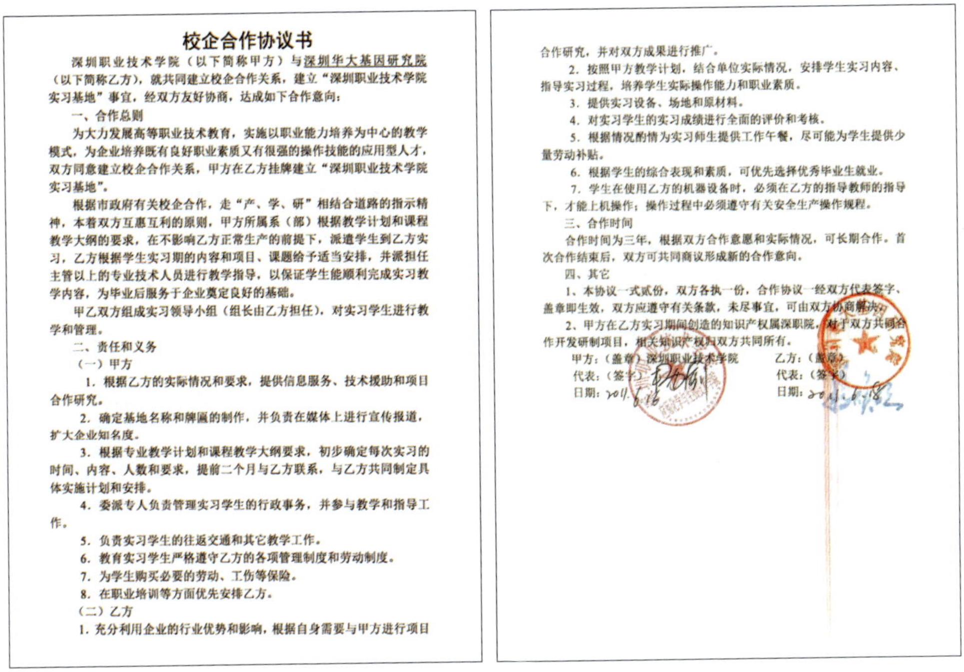

校企合作协议书

深圳职业技术学院（以下简称甲方）与深圳华大基因研究院（以下简称乙方），就共同建立校企合作关系，建立“深圳职业技术学院实习基地”事宜，经双方友好协商，达成如下合作意向：

一、合作总则

为大力发展高等职业技术教育，实施以职业能力培养为中心的教学模式，为企业培养既有良好职业素质又有很强的操作技能的应用型人才，双方同意建立校企合作关系，甲方在乙方挂牌建立“深圳职业技术学院实习基地”。

根据市政府有关校企合作，走“产、学、研”相结合道路的指示精神，本着双方互惠互利的原则，甲方所属系（部）根据教学计划和课程教学大纲的要求，在不影响乙方正常生产的前提下，派遣学生到乙方实习，乙方根据学生实习期的内容和项目、课题给予适当安排，并派担任主管以上的专业技术人员进行教学指导，以保证学生能顺利完成实习教学内容，为毕业后服务于企业奠定良好的基础。

甲乙双方组成实习领导小组（组长由乙方担任），对实习学生进行教学和管理。

二、责任和义务

（一）甲方

1. 根据乙方的实际情况和要求，提供信息服务、技术援助和项目合作研究。

2. 确定基地名称和牌匾的制作，并负责在媒体上进行宣传报道，扩大企业知名度。

3. 根据专业教学计划和课程教学大纲要求，初步确定每次实习的时间、内容、人数和要求，提前二个月与乙方联系，与乙方共同制定具体实施计划和安排。

4. 委派专人负责管理实习学生的行政事务，并参与教学和指导工作。

5. 负责实习学生的往返交通和其它教学工作。

6. 教育实习学生严格遵守乙方的各项管理制度和劳动制度。

7. 为学生购买必要的劳动、工伤等保险。

8. 在职业培训等方面优先安排乙方。

（二）乙方

1. 充分利用企业的行业优势和影响，根据自身需要与甲方进行项目合作研究，并对双方成果进行推广。

2. 按照甲方教学计划，结合单位实际情况，安排学生实习内容、指导实习过程，培养学生实际操作能力和职业素质。

3. 提供实习设备、场地和原材料。

4. 对实习学生的实习成绩进行全面的评价和考核。

5. 根据情况酌情为实习师生提供工作午餐，尽可能为学生提供少量劳动补贴。

6. 根据学生的综合表现和素质，可优先选择优秀毕业生就业。

7. 学生在使用乙方的机器设备时，必须在乙方的指导教师的指导下，才能上机操作；操作过程中必须遵守有关安全生产操作规程。

三、合作时间

合作时间为三年，根据双方合作意愿和实际情况，可长期合作。首次合作结束后，双方可共同商议形成新的合作意向。

四、其它

1、本协议一式贰份，双方各执一份，合作协议一经双方代表签字、盖章即生效，双方应遵守有关条款，未尽事宜，可由双方协商解决。

2、甲方在乙方实习期间创造的知识产权属深职院，对于双方共同合作开发研制项目，相关知识产权归双方共同所有。

甲方：（盖章）深圳职业技术学院　　乙方：（盖章）

代表：（签字）　　代表：（签字）

日期：2011.6.16　　日期：2011.6.18

图2-2 合作协议截图

二　聘杨焕明院士为校事顾问，开启深度合作

2013年12月9日，时任深圳华大基因研究院理事长的杨焕明院士来我校为化生学院全体师生做了一场题为《生命，其美，其探索——基因组学和人类的未来》的学术报告。时任我校副校长陈秋明宣读了学校关于聘请杨焕明院士为我校高级校事顾问的通知文件，时任校长刘洪一代表学校向杨焕明院士颁发了深圳职业技术学院高级校事顾问聘书（图2-3、图2-4）。

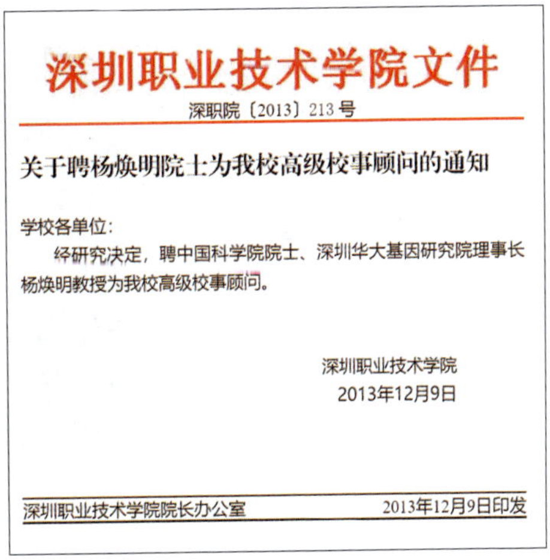

深圳职业技术学院文件

深职院〔2013〕213号

关于聘杨焕明院士为我校高级校事顾问的通知

学校各单位：

经研究决定，聘中国科学院院士、深圳华大基因研究院理事长杨焕明教授为我校高级校事顾问。

深圳职业技术学院

2013年12月9日

深圳职业技术学院院长办公室　　2013年12月9日印发

图2-3 聘任文件

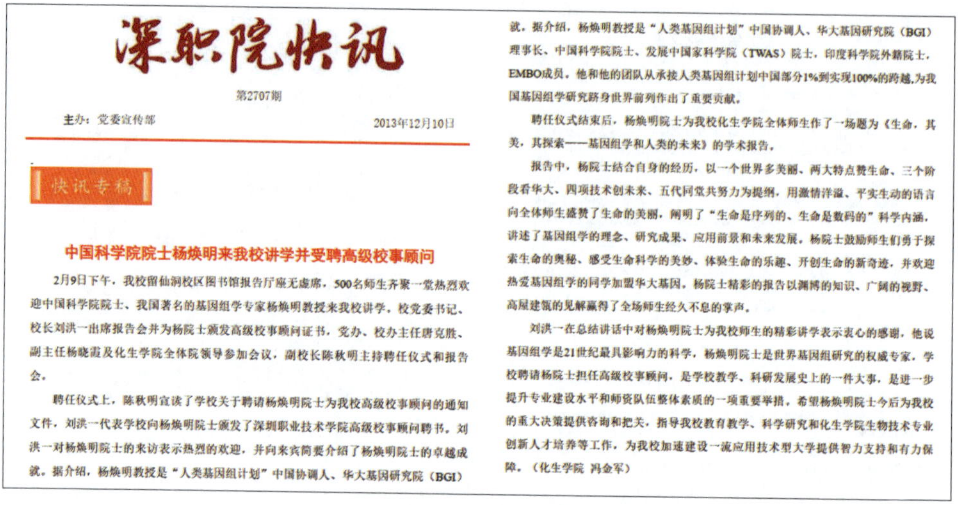

深职院快讯

第2707期

主办：党委宣传部　　2013年12月10日

快讯专稿

中国科学院院士杨焕明来我校讲学并受聘高级校事顾问

2月9日下午，我校留仙洞校区图书馆报告厅座无虚席，500名师生齐聚一堂热烈欢迎中国科学院院士、我国著名的基因组学专家杨焕明教授来我校讲学。校党委书记、校长刘洪一出席报告会并为杨院士颁发高级校事顾问证书，党办、校办主任唐克胜、副主任杨晓霞及化生学院全体院领导参加会议，副校长陈秋明主持聘任仪式和报告会。

聘任仪式上，陈秋明宣读了学校关于聘请杨焕明院士为我校高级校事顾问的通知文件，刘洪一代表学校向杨焕明院士颁发了深圳职业技术学院高级校事顾问聘书。刘洪一对杨焕明院士的来访表示热烈的欢迎，并向来宾简要介绍了杨焕明院士的卓越成就。据介绍，杨焕明教授是“人类基因组计划”中国协调人、华大基因研究院（BGI）

就。据介绍，杨焕明教授是“人类基因组计划”中国协调人、华大基因研究院（BGI）理事长、中国科学院院士、发展中国家科学院（TWAS）院士，印度科学院外籍院士，EMBO成员。他和他的团队从承接人类基因组计划中国部分1%到实现100%的跨越，为我国基因组学研究跻身世界前列作出了重要贡献。

聘任仪式结束后，杨焕明院士为我校化生学院全体师生作了一场题为《生命，其美，其探索——基因组学和人类的未来》的学术报告。

报告中，杨院士结合自身的经历，以一个世界多美丽、两大特点赞生命、三个阶段看华大、四项技术创未来、五代同堂共努力为提纲，用激情洋溢、平实生动的语言向全体师生盛赞了生命的美丽，阐明了“生命是序列的、生命是数码的”科学内涵，讲述了基因组学的理念、研究成果、应用前景和未来发展。杨院士鼓励师生们勇于探索生命的奥秘、感受生命科学的美妙、体验生命的乐趣、开创生命的新奇迹，并欢迎热爱基因组学的同学加盟华大基因。杨院士精彩的报告以渊博的知识、广阔的视野、高屋建瓴的见解赢得了全场师生经久不息的掌声。

刘洪一在总结讲话中对杨焕明院士为我校师生的精彩讲学表示衷心的感谢，他说基因组学是21世纪最具影响力的科学，杨焕明院士是世界基因组研究的权威专家，学校聘请杨院士担任高级校事顾问，是学校教学、科研发展史上的一件大事，是进一步提升专业建设水平和师资队伍整体素质的一项重要举措。希望杨焕明院士今后为我校的重大决策提供咨询和把关，指导我校教育教学、科学研究和化生学院生物技术专业创新人才培养等工作，为我校加速建设一流应用技术型大学提供智力支持和有力保障。（化生学院 冯金军）

图2-4 深圳职业技术学院报道截图

三　华大骨干加盟产学研用委员会，加速深度合作

2016年，我校聘请了华大基因的技术和管理骨干石琼研究员、华大人力总裁李治平，以及深圳其他生物企业的专家组成了生物技术专业产学研用指导委员会，召开研讨会，探讨校企合作共育创新创业人才途径（图2-5、图2-6）。

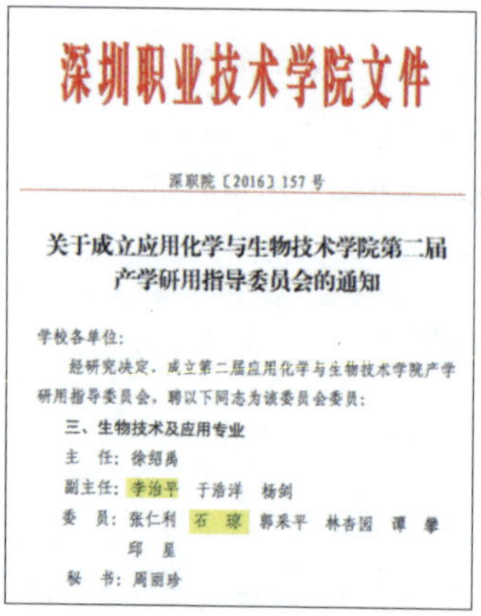

深圳职业技术学院文件

深职院〔2016〕157号

关于成立应用化学与生物技术学院第二届产学研用指导委员会的通知

学校各单位：

经研究决定，成立第二届应用化学与生物技术学院产学研用指导委员会，聘以下同志为该委员会委员：

三、生物技术及应用专业

主　任：徐绍禹

副主任：李治平　于浩洋　杨剑

委　员：张仁利　石　琼　郭采平　林杏园　谭　攀　邱　星

秘　书：周丽珍

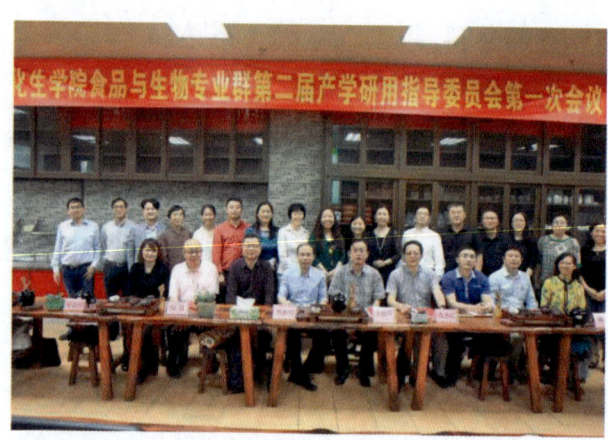

图2-5 产学研用指导委员会委员聘任文件

图2-6 产学研用指导委员会举行第一次会议

四 合作申报职业教育校外公共实训基地，促进产教融合

2018年深圳职业技术学院与华大集团下属的国家基因库合作申报深圳市职业教育校外公共实训基地，成功获批，资助建设金额80万，为学生建立起系统实用的实验、实训和顶岗实习基地（图2-7）。

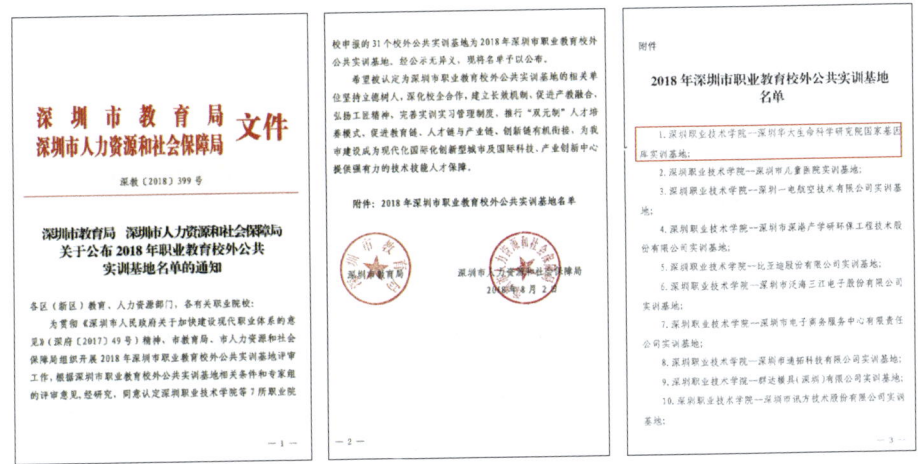

图2-7 深圳市职业教育校外公共实训基地获批

五 合作申报省市产教融合型企业，深化产教融合模式

为了响应国家深化产教融合改革的政策，深圳职业技术学院在原有的合作以及校外职业公共实训基地的建设之上，华大基因股份公司申报了广东省和深圳市第一批产教融合型企业，深圳职业技术学院是合作院校，2020年获批广东省和深圳市首批产教融合型企业（图2-8、表2-1）。

至此，深圳职业技术学院与生物行业创新领军企业——华大基因历经十年的合作建设，不断对接技术变革的需求，以及深化职业教育产教融合深度的需求，将龙头企业建设成为学生创新创业教育的校外创新平台，基于此平台重构人才培养方案，重组课程内容，共建师资队伍，共建课程，合作研发项目，共同指导学生参加创新创业比赛，实现"产中生学"。

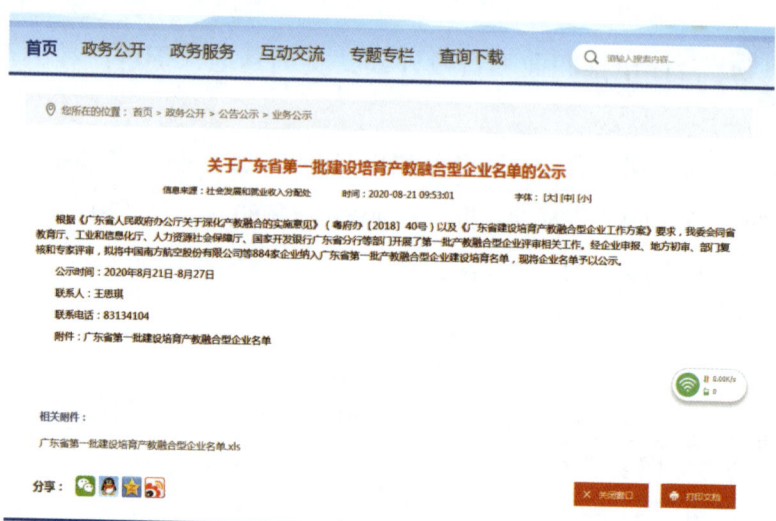

图2-8 广东省发展和改革委员会《关于广东省第一批建设培育产教融合型企业名单的公示》

表2-1 广东省第一批建设培育产教融合型企业名单

序号	企业名称	所属地市
361	深圳市鹏峰投资集团有限公司	深圳
362	腾讯科技（深圳）有限公司	深圳
363	深圳科安达电子科技股份有限公司	深圳
364	蛇口集装箱码头有限公司	深圳
365	红品晶英科技（深圳）有限公司	深圳
366	深圳市辰普森信息咨询有限公司	深圳
367	深圳市鹤州富通科技有限公司	深圳
368	深圳市浩能科技有限公司	深圳
369	深圳市易成自动驾驶技术有限公司	深圳
370	深圳市龙岗区布吉镇砂糖不信发电子塑胶五金制品厂	深圳
371	广东百家永辉超市有限公司	深圳
372	深圳市铭科科技有限公司	深圳
373	深圳沃尔玛百货零售有限公司	深圳
374	深圳雨良网络科技有限公司	深圳
375	深圳市人人乐商业有限公司	深圳
376	深圳市任达养老产业有限公司	深圳
377	深圳市大地动画传媒有限公司	深圳
378	华测检测认证集团股份有限公司	深圳
379	誉标检测（深圳）有限公司	深圳
380	中检集团南方测试股份有限公司	深圳
381	深圳华大基因股份有限公司	深圳
382	比亚迪股份有限公司	深圳
383	深圳市裕同包装科技股份有限公司	深圳
384	深圳市尚观科技有限公司	深圳

第二节 基于华大创新基地，合作实现"产中生学"

一 组建专家团队，共同制定专业标准和人才培养方案

专业教学标准是对专业名称、教育类型及学历层次、入学要求条件、学制、培养目标、职业面向及职业能力要求、典型工作任务及其工作过程、培养方案框架体系、学习领域主要课程基本要求、课程考核要点、教师基本要求和基本实训条件要求等方面的具体规定，是专业教学和课程改革的基础，在专业人才培养过程中具有非常重要的作用。人才培养方案是学校落实党和国家关于人才培养总体要求，组织开展教学活动、安排教学任务的规范性文件，是实施人才培养和开展质量评价的基本依据，专业人才培养方案是专业教学标准规定的各要素和人才培养的主要环节要求的具体落实。为了使专业人才培养能够充分满足生物技术产业发展对一线应用型人才的需求，定期开展"产学研用"管理委员会会议，委员们参与审定专业教学标准和人才培养方案。作为"产学研用"管理委员会的成员，华大基因技术骨干石琼研究员和华大人力总裁李治平参与专业人才培养方案制定（图2-9）。

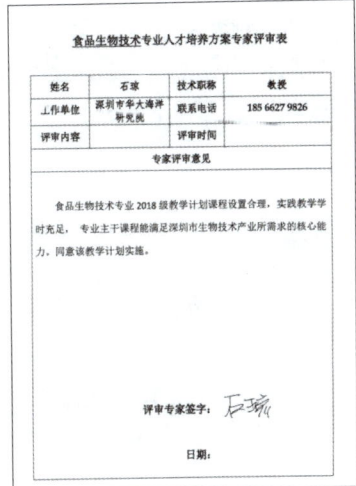

图2-9 华大基因骨干参与专业人才培养方案制定

二 组建课程建设师资队伍，开设创新课程

课程是专业教育最基本的载体，而师资则是课程建设和专业教学改革的主体，如何发挥校企双方各自的优势，建设一支专兼结合的高素质"双师型"师资队伍，既是确保专业人才培养质量的关键，也是近年来合作的一项重点。华大基因员工学历高，硕士学历及以上人员占比为31%；年轻化，平均年龄30岁；研发技术人员占比高，达到50%，人才优势明显。为此，专业紧紧围绕培养创新型生物技术专业人才培养目标，聘请华大基因一线员工为校外兼职教师，参与课堂教学，开设趣味基因测序课程，把华大基因先进的测序技术引入课堂。按照基因检测的规范要求，尤其是伦理要求，根据企业组织架构学生分组设立相应部门，开展真实的测序项目，借助基因数据库和分析软件，引导学生从测序数据中发掘有趣的基因，学生汇报研究结果，企业教师进行点评，极大地提高了学生学习热情和探索兴趣（图2-10）。

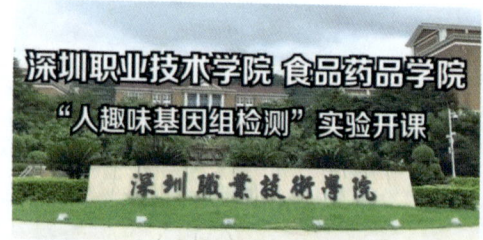
（1）合作开发基因测序课程

（2）华大兼职教师讲授测序技术

（3）华大兼职教师指导学生测序操作与分析

（4）学生汇报测序结果

图2-10 专兼结合开展基因测序创新课程

多样化的校企研讨，探讨职业证书开发方案

专业教师每年都会前往华大基因进行多种形式的企业调研和研讨。其中华大基因下属的华大学院主要聚焦本硕博层次的创新联合教育和基因组学高端培训，倡导"以项目带学科、带产业、带人才"的创新教育理念，依托华大强大的科研平台、重大科研项目和完整产业发展链，培养生物领域科研和产业发展所需的创新型人才。华大基因已经开发了BGISeq实验工程师认证、生物信息分析工程师认证、遗传咨询师认证三大能力认证体系。

为了将华大学院的创新课程体系引入专业课程，共建创新生物技术创新课程体系与内容，专业教师多次与华大学院教师开展研讨（图2-11）。2020年10月，深圳职业技术学院作为主要参加单位与华大学院申报了国家"1+X"职业资格证书。

图2-11 专业教师与华大学院老师开展证书开发研讨

引入企业技术操作标准，共建课程资源

现代生物技术操作如基因操作技术，其处理样品均是微量操作，以微升计，需要操作过程精准、规范。华大基因为此建立了完备的操作规范和技术标准，基于产教融合基地平台，深圳职业技术学院在华大基因技术操作标准的基础之上，根据学生的基础以及特点，转化为核心专业课程的技术技能评价标准。同时，聘请华大的技术操作能手参与课程建设，拍摄操作视频。图2-12中操作者郭诗雨是深圳职业技术学院2008级学生，2011年毕业后入职华大基因，现为深圳华大股份公司技术骨干。

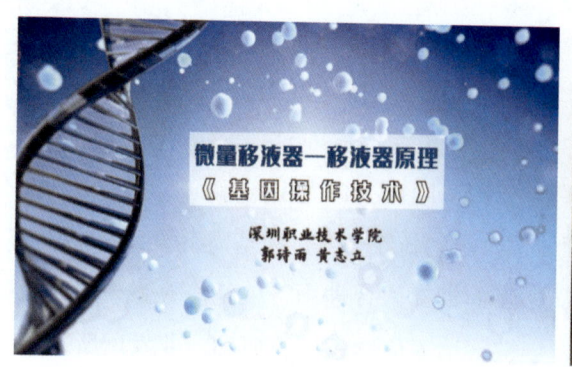 

图 2-12 共建专业核心课程

五 基于华大产教融合基地，开展创新意识教育

2018年深圳职业技术学院与国家基因库合作申报深圳市职业教育校外公共实训基地，成功获批，资助建设金额80万，为学生建立起系统实用的实验、实训和顶岗实习基地。同时为了不断提升实训基地的技术能力和服务质量，满足国民经济和社会发展对基因检测和研究服务业的新需求，国家基因库不断出资完善基础设施、配套设施及大型设备的建设，在硬件建设及软件配套方面，确保实训基地每年都得到稳步提升（图2-13）。

该校外基地不但每年接受实习生完成顶岗实习，还成为专业创新认知、创新思维培养的重要基地。针对大一学生，每年的专业教育、专业创新认知以及专业创新思维训练等活动，深圳职业技术学院相关教师都会带领学生来该基地开展认知实习，基地的兼职教师会给学生详细讲解基因组计划、基因测序技术、基因测序仪的研发历程，以及基因测序技术的应用领域，提高学生对专业的认知和兴趣，开拓学生的视野，活跃学生的思维。

深圳华大基因股份有限公司作为合作共建的产教融合型企业，自合作伊始，深圳职业技术学院相关教师每年都会组织专业学生前往股份公司进行基因诊断技术和生产流程的参观实习、核心技术学习以及毕业顶岗实习。2019—2021年接受实习实训人数60人次以上，部分毕业生已经成为华大股份技术骨干。通过该基地

图2-13 学生在国家基因库开展专业认识学习

的学习,让学生深刻认识生物技术行业技术发展历程,认识技术创新的重要性,了解技术创新的过程,激发学生的创新热情(图2-14)。

图2-14 学生前往基地学习

六 基于华大产教融合基地,合作开展技术研究

科研研究、技术开发是提升专业教师技术能力的重要途径,专业教师的科学研究、技术开发成果是培养学生创新能力的重要基础,将教师的研究成果融入学生的创新教育也是本成果的重要环节(详见第三章)。华大基因属于技术创新型

图2-15 专业教师与华大学院老师开展科研项目研讨

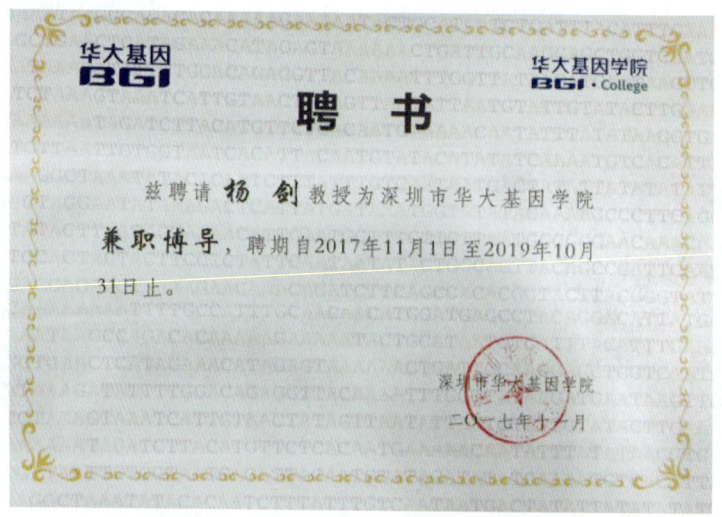

图2-16 杨剑教授兼职华大基因学院博导

企业，重视基础科学研究和技术创新，与中国科学技术大学合作培养硕士和博士研究生。双方除了在专业以及课程方面的合作，在科技研发方面也开展了项目合作（图2-15）。例如本成果负责人杨剑教授与华大基因石琼研究员开展了深度的科研合作，除了聘请石琼研究员为深圳职业技术学院的委员和特聘教授外，杨剑教授也参与了华大基因的学生培养，于2017年被聘为华大基因学院兼职博导，联合指导华大基因学院2名博士研究生（图2-16）。双方已经合作开展降血压肽的研究，发表SCI论文2篇，申请发明专利1项。

七 基于产学研合作成果，共同指导学生参加创新创业大赛

在产研合作的成果之上，将科技研发过程融入学生创新教学过程，学生参与科技创新研究过程，共同指导学生参加创新创业类大赛。2019年，学生参加国际基因工程大赛（iGEM），产教融合基地的技术骨干给予学生技术指导。2020年专业学生参加第六届"互联网+"创新创业大赛，华大基因股份有限公司副总裁李治平，作为顾问团队参与比赛指导（图2-17）。

图2-17 共同指导学生参加创新创业大赛

第三节 "产中生学"共谱产教融合创新育人新成效

以培养复合式创新型高素质技术技能人才为目标，坚持深化产教融合，与华大合作的模式和经验不断辐射推广，构建了校企产教融合育人的模式。生物类专业已与海普瑞药业、国药集团、中检集团、华测检测等国际知名企业建成稳定的校外实习基地180余家。世界500强企业国药集团致君制药为2012首批广东省级大学生校外实训基地。

2021年与海普瑞药学集团建立海普瑞生物医药特色学院、生物医药研究院，以校企深度融合为理念，全面推进"岗赛课证融通"落地实施，构建校企双元育人新机制和新模式。双方共同制定了产业学院的建设目标，利用5年左右时间，将海普瑞学院建设成为粤港澳大湾区生物医药科技的示范性特色产业学院，成为粤港澳大湾区生物医药产业类人才培养、技术创新和社会服务的高地，有效提升粤港澳大湾区生物医药科技人才的培养规模和质量，共同促进粤港澳大湾区生物医药产业的集聚和快速发展。为了实现建设目标制定了具体的建设内容，包括党建、人才培养、新药研发、社会服务、创新创业专业教育等九项共同建设任务。双方已经挂牌成立了生物医药研究院，未来将建成涵盖微生物发酵、动物细胞大规模培养、分离纯化和制剂等技术技能的生物高端技术人才培训中心、国际中试服务和产品工程转化中心。海普瑞特色产业学院的建立为培养生物技术类创新技术技能人才提供了新的平台。另外，还与深圳信立泰药业股份有限公司及上海益诺思生物技术股份有限公司，共同成立的海洋药物产教融合创新平台，获批广东省高职院校产教融合创新平台。校企双方组建"风险共担、利益共享"的技术联合体，共同申报科技项目，共同开展新药研发、关键核心技术攻关，促进技术成果应用转化。为提升广东省"蓝色药库"的技术创新能力、产业水平，及海洋药物产业的可持续快速发展奠定多角度的基础支撑。

专业教师与合作企业积极开展项目研究，为专业学生参与科学研究、技术开发提供项目基础，全面培养学生技术创新能力，成效显著。学生参与的企业合作成果获中国农业科技奖一等奖1项、广东省科学技术奖一等奖2项、广东省农业技术推广奖一等奖1项。与深圳绿雪生物科技有限公司签署了产学研合作协议，合作申报深圳市基础研究项目1项，项目经费30万，承担合作企业的横向项目3项，经费总额80万。为绿雪筛选到了γ-氨基丁酸（GABA）高产菌种，并且通过动物试验证实了安全性，已经纳入了该公司规划备用项目库，学生以此项目为基础参加2022年度大学生中国国际"互联网+"创新创业大赛。华讯方舟旗下的太赫兹科技研究院，深入合作开展新型检测技术的应用研究，2018年开始合作以来，共同成功申报纵向项目2项，其中1项为国家自然科学基金面上项目。共同发表论文7篇，其中SCI 2篇，中文核心5篇；共同申报专利4项，2项发明，2项实用新型，学生为论文作者以及专利申请人之一。

积极探索校企合作机制，建立合作共赢的长效机制。首先，专业群委派固定的老师与企业联系，定期与企业沟通，了解行业发展动态以及就业岗位的需求等。其次，根据企业的特点开展个性化合作，签订能够发挥企业特色并能将特色转化为人才培养的合作协议。再次，聘请积极参与合作的高水平专家作为客座教授或企业顾问，打通校企人员双向流动渠道，推动实践教学改革与产业转型升级衔接配套。学院已经聘请了15名具有博士学位和副高以上职称的行业、企业、行政事业单位的兼职教师，签订了兼职教师协议，部分教师已经承担了专业部分课程教学。长效机制的建立有利于促进校企双方的合作，能够促使双方产生更多的合作成果，也保障了合作平稳、有效、持续地开展校企创新育人活动。

第三章

学中有研：将生物技术创新平台打造成学生创新能力培养的主战场

创新创业教育是实践性很强的教育理念与素质教育模式，学生能不能受到高质量的实践训练是决定创新创业教育成败的重要因素之一。因此，建设高水平的创新创业教育实践训练平台是高校开展创新创业教育的重要条件和保障。为此，国务院《关于加快发展现代职业教育的决定》（国发［2014］19号）指出："推动职业院校与行业企业共建技术工艺和产品开发中心、实验实训平台、技能大师工作室等，成为国家技术技能积累与创新的重要载体。"[1]教育部《关于印发〈高等职业教育创新发展行动计划（2015—2018年）〉的通知》（教职成厅函［2015］9号）指出："以市场为导向多方共建应用技术协同创新中心，应主动深入到行业企业的一线。"[2]2019年4月，教育部又下发了《关于实施中国特色高水平高职学校和专业建设计划的意见》（简称"双高计划"，教职成厅函［2019］9号），其总体目标是：打造技术技能人才培养高地和技术技能创新服务平台，支撑国家重点产业、区域支柱产业发展，引领新时代职业教育实现高质量发展。[3]然而，目前职业院校创新创业教育实践平台缺乏或者建设水平不高，成为制约职业院校创新创业教育发展的一个重要瓶颈，问题突出表现在：研发平台对接产业链不够，设备落后，研发活动不多、质量不高，校企合作不深，学生创新实践活动不足等。[4~6]

而深圳职业技术学院应用化学与生物技术学院生物技术实训基地以2005年获批中央职业教育实训基地为契机，主动对接生物产业链需求，校企深度融合，逐步扩建和完善创新技术平台，依托创新技术平台师生共同开展应用技术研发，引导学生大胆设想，积极进行社会调研，自主实施技术方案，展示项目成果，激发学生自主探究创新热情，将生物技术创新平台打造成学生创新能力培养的主战场，实现"学中有研"，取得了明显效果。

---

1 国务院. 关于加快发展现代职业教育的决定［Z］. 国发［2014］19号.
2 教育部. 关于印发《高等职业教育创新发展行动计划（2015-2018年）》的通知［Z］. 教职成厅函［2015］9号.
3 教育部. 关于实施中国特色高水平高职学校和专业建设计划的意见［Z］. 教职成厅函［2019］9号.
4 王立中，马永刚，刘竺云，等. 智能制药产教融合集成平台建设路径研究——以泰州职业技术学院为例［J］. 泰州职业技术学院学报，2021（3）：13-16.
5 何文娟. 创新驱动下高职院校产学研合作平台建设的现状与对策分析［J］. 广东轻工职业技术学院学报，2017（1）：38-41.
6 周俊. 以质量为核心推进职业教育持续发展——《国家教育事业发展"十三五"规划》解读［J］. 江苏教育，2018（44）：23-27.

 生物技术实训基地创新技术平台的建设过程

中央职业教育生物技术实训基地建设

生物产业是国家战略性新兴产业，也是深圳市重点发展的高新技术产业和粤港澳大湾区新支柱产业，技术含量高、迭代快，迫切需要创新型应用技术技能人才。但同时对学生实践训练平台的要求相对要高得多，缺乏高水平技术创新平台是制约生物技术专业学生创新能力培养的一个重要因素。深圳职业技术学院应用化学与生物技术学院生物技术专业得益于深圳生物技术产业良好的产业背景和中央对职业院校校内实训基地的大力支持，从2005年开始建设，经过10多年的建设和发展终于建成国内一流的校内实践教学基地，为专业培养创新型技术人才提供了强力的实践训练保障。生物技术实训基地于2005年通过专家评审，被教育部和财政部认定为中央职业教育实训基地并获得立项建设，该基地目标是建成一个以现代生物技术为技术平台，面向生物技术相关专业（食品生物技术、药学、食品营养与检测、园艺技术等），集实训、技术研发与服务、对外培训、职业素质训导于一体的功能完善，高度开放性综合实训平台，为深圳市乃至全国生物产业培养高素质技术技能人才基地，其功能室包括：生物与化学基本技能、食品生物技术、生物制药、分析检测、农业生物技术、发酵精制检测系统深圳市重点实验室等分室（图3-1）。

该基地2008年5月通过教育部、财政部验收。依托该基地，致力于将生物技术实训基地打造成"教学车间"与"技术中心"，在校企合作，产教融合，生物技术相关专业学生的专业技能和创新能力培养，实现实训基地资源共享等方面取得较为突出的成效。基地建设成果在《高职高专教育信息网》报道后反响强烈，截至2022年5月，国内有118所高职院校及普通本科院校的教学及管理人员前来参观学习，2014年基地建设成果之一——《校企共建分析检测"教学车间"与"技术中心"的探索与实践》获得广东省教学成果二等奖（图3-1）。

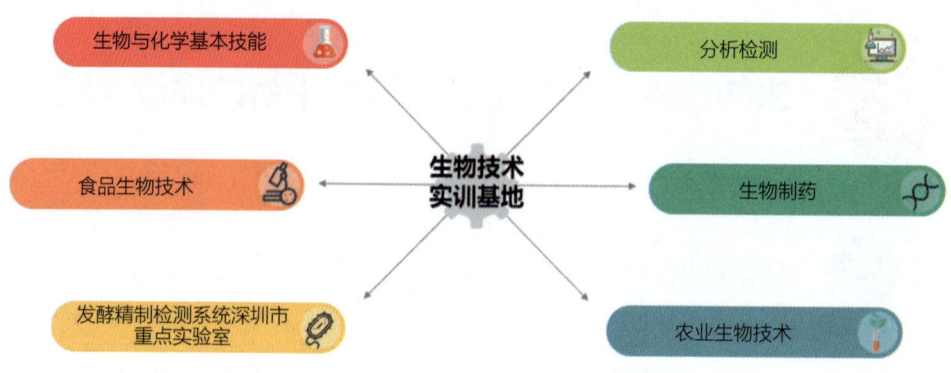

图3-1 生物技术实训基地结构图

二 生物技术创新技术平台扩建

2008年前,生物技术实训基地只有发酵精制检测系统深圳市重点实验室一个研发平台,而生物技术发展迅速,为应对生物产业转型升级,围绕深圳市生物产业结构,依托中央职业教育生物技术实训基地,逐步建立各类生物技术相关平台,各平台基本情况介绍如下。

(一)发酵精制检测系统深圳市重点实验室

发酵精制检测系统深圳市重点实验室是深圳市科技创新委员会依托深圳职业技术学院建立的重要科研平台,成立于1997年(图3-2)。该重点实验室拥有一支职称、学历、年龄和学缘结构合理的、能够适应学科发展的研究队伍,由26名中青年科研人员组成,其中教授13人,副教授11人,教授中有珠江学者特聘教授2人,珠江学者讲座教授1人(图3-3)。

该重点实验室主要研究方向为:生物活性物质高效制备及功效研究(刘冬博士、杨剑博士);海洋生物育种及活性物质开发(代建国博士、雷思佳博士);生物农药开发及病虫害防治研究(江世宏博士);天然药物开发及新剂型研究(张栩博士、崔淑芬博士);分子快速检测技术研究(唐勇军博士、栾崇林博士)。

2019—2021年,该重点实验室承担国家、省、市各级项目30余项,获得科研经费1000余万元;与企业合作项目达到19项,获得横向科研经费155万元;承担学校项目7项，获得科研启动资金87万元。公开发表论文30余篇，其中16篇被SCI收录，2篇被EI收录。获得软件著作权2项，专利授权7项。重点实验室江世宏教授团队获教育部首批"黄大年式教师团队"称号。

图3-2 发酵精制检测系统深圳市重点实验室

图3-3 深圳市重点实验室项目评审

（二）国家荔枝龙眼体系深圳综合试验站

国家荔枝龙眼体系深圳综合试验站是2008年原农业部按照荔枝、龙眼的区域布局规划，依托深圳职业技术学院在珠三角及粤东地区建立的综合试验站（图3-4）。主要职能是围绕当地荔枝、龙眼产业发展需求，联合体系内岗位专家进行共性技术和关键技术研究、集成和示范；收集、分析荔枝、龙眼产业及其技术发展动态与信息，为政府决策提供咨询，向社会提供信息服务，为用户开展技术示范和技术服务，为当地荔枝、龙眼产业发展提供全面系统的技术支撑（图3-5）。

整个研发团队共有成员24人，其中博士4名，硕士14名，本科4人，专科2人。专用实验室130m²，试验用地44667m²。

图3-4 荔枝龙眼体系深圳综合试验站

（1）深圳晚报记者采访

（2）荔枝文创产品

（3）荔枝加工产品

图3-5 荔枝龙眼体系深圳综合试验站记者采访及产品

（三）深圳生化分析检测公共服务平台

深圳生化分析检测公共服务平台是由深圳市发展和改革委员会、深圳市科技工贸和信息化委员会、深圳市财政委员会2011年联合下达的"深圳国家生物产业基地公共服务平台扶持计划"立项资助的，以深圳职业技术学院应用化学与生物技术学院分析检测实验室为依托建设的，集食品、药品、化学品等生物制品、原料分析检测的具有法定效力的实验室平台项目。

平台总面积1220m²，总投资2300万元。平台拥有完整全面的检测设备和技术队伍，拥有检测设备（可检有机污染物、病原微生物、重金属、农残等有害物质）百余套，价值1500余万元，可通过CMA\CNAS认证检测能力项达到400项以上。2019—2021年，将重点提升非食用物质及转基因物质、食物本底辨识等确证技术手段和能力建设，为深圳市食品药品质量安全保障提供安全可靠的技术支撑（图3-6）。

（1）深圳市生化检测平台

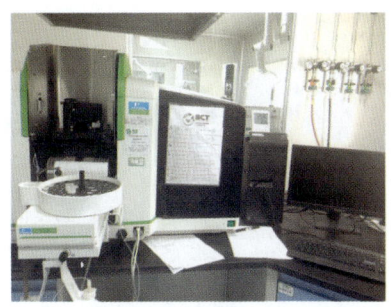
（2）原子吸收光谱仪

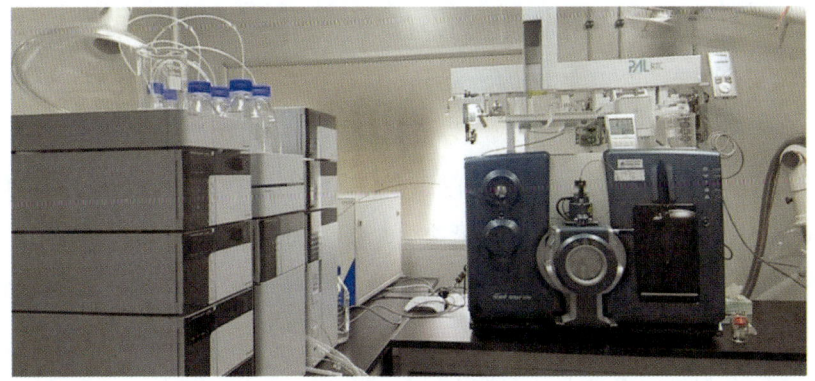
（3）液相色谱-质谱联用仪

图3-6 深圳生化分析检测公共服务平台

（四）深圳市大规模细胞培养技术和细胞资源库公共技术服务平台

深圳市大规模细胞培养技术和细胞资源库公共技术服务平台（以下简称细胞平台）于2013年6月由深圳市科技创新委员会资助建立，涵盖国内外大规模细胞培养先进方法、技术标准和细胞检测等方面。细胞平台自成立之初，即以建立完善的对外服务机制和加强产学研合作为目标，依据自身现有条件及发展规划，划分为"大规模细胞培养技术中心、细胞资源库中心、对外服务和实验室管理"三部分（图3-7）。设有技术平台管理委员会和专业技术委员会，其中专业技术委员会由校外10位企业和行业的高级人才担任，每年度定期召开会议，为平台的技术、发展和管理提供保障。细胞平台已于2016年5月通过深圳市科技创新委员会验收。现细胞平台占有面积约600m²，科研人员20人，其中教授及博士8人，副教授及硕士8人，本科4人，博士及硕士占80%。

 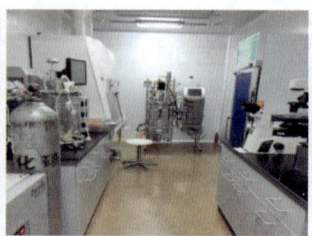 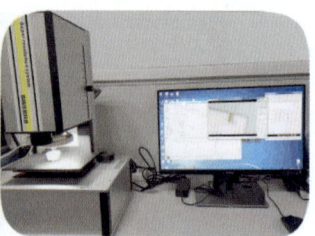

（1）大规模细胞培养细胞资源库　　（2）细胞房　　（3）蔡司电动体式显微镜 V20

图3-7 深圳市大规模细胞培养技术和细胞资源库公共技术服务平台

（五）广东省现代农业科技创新中心

深圳职业技术学院植物保护研究中心科研创新平台于2012年6月成立。经过多年的建设和发展，目前已形成了以教授、副教授为核心，以博士、硕士，以及博士后科研人员为骨干，在职称结构、学历结构、年龄结构上较为合理的科研团队，并在植物保护科学研究和解决生产实际问题中取得了骄人的成绩，显示了在植物保护领域的雄厚科研实力；形成了"植物害虫与防控""植物病害与防控""农药研发与应用""植物病虫监测"四个研究方向，涵盖了植物保护的主要研究领域，而且四个方向相互配合、相互促进、互为依存、互为补充，推动了植物保护创新平台科研的蓬勃发展。目前，植物保护科研平台有科研人员21人，其中教授6人，副教授及副高职称7人，正高、副高职称占62%；博士8人（其中博士后科研人员2人），硕士6人，本科及大专学历7人，博士及硕士占67%。2017年7月，植物保护科研平台被广东省科技厅批准为"广东省现代农业科技创新中心（广东省荔枝龙眼病虫防控科技创新中心）"（图3-8）。

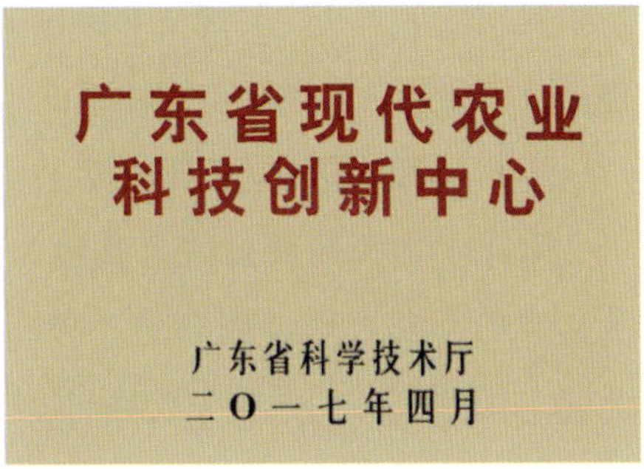

图3-8 广东省现代农业科技创新中心

2018年1月，植物保护学科教师团队，被教育部遴选为"全国高校黄大年式教师团队"。

（六）纳米医药研发国际科技合作基地

深圳职业技术学院纳米医药研发国际科技合作基地（简称国际合作基地）建于2018年，是由深圳职业技术学院药学专业和加拿大、美国等国家合作成立的。2017年，基地新引进加拿大联邦政府在东部大西洋地区建立的唯一工业技术研究中心——加拿大Verschuren Centre，纳米工业技术首席科学家、珠江学者讲座教授Xu Zhang领衔基地的研究工作，进一步加快国际合作研究的步伐（图3-9）。国际合作基地致力于纳米医药的研发，基地有以Xu Zhang博士为首席科学家的30余位研究人员的团队，开发用于纳米药学、疾病诊断、癌症治疗、纳米医药生物分析等领域的新技术、新材料和新装置。基地成员获得了中国和加拿大的国家级、省级等各类基金的资助。基地的建设目标是，全面提升纳米医

图3-9 珠江学者讲座教授签约仪式

药研发领域重大共性关键技术的自主创新及实验方法的技术创新能力，打造标准化、前沿化的公共技术支撑体系。

（七）海洋生物医药研究院

海洋生物医药研究院是我校为贯彻落实党的十九大报告提出的"坚持海陆统筹、加快海洋强国"战略部署，推动"深圳建设全球海洋中心城市"成立的高水平科研机构。研究院于2019年4月正式揭牌成立，主要从事海洋生物医药领域应用基础研究与关键技术研发，以

图3-10 海洋生物医药研究院

海洋来源Ⅰ类创新药研发作为长期目标（图3-10）。同时研究院以解决"产业技术研发需求"为导向，针对癌症等重大疾病，开展具有高附加值原料药和药物中间体的合成路线和工艺优化；针对药物传输、缓释与靶向，开发功能微球等材料技术。

研究院围绕以上两个方面的内容，设立三个研究中心：海洋药物合成研究中心、药物化学生物学研究中心、海洋生物功能材料研究中心。目前已形成一支由教育部长江学者特聘教授、国家杰出青年基金获得者、国家万人计划领军人才为学术带头人的科研团队，其中高层次全职科研人员15人，兼职科研人员4人，博士后科研人员14人。

第二节　生物技术实训基地创新技术平台建设特点

一　校企共建技术中心，互利共赢

深圳职业技术学院生化检测服务平台是校企合作共建技术中心的典范。2005

年12月深圳职业技术学院与深圳华测检测技术股份有限公司（以下简称华测检测）签订协议共建校内分析检测实验室，其目的是探讨通过将校企共建的分析检测实训室打造成校内的"教学车间"与"技术中心"，使之成为产（企业对外承接检测样品）、学（实训、实习）、研（科技开发与成果转化）、用（对外

图3-11 校企合作协议签约挂牌仪式现场

技能培训与职业资格鉴定）等四位一体的综合平台，为建立"深度融合、互利共赢"的校企长效合作机制寻找一条有效途径（图3-11）。为了进一步提高实训室的建设水平和社会服务能力，双方通力合作，成功地将分析检测实训室建设成国家认可实验室。在申请资质认可过程中，专业教师、实训技术人员与华测检测公司员工一道准备国家认可实验室文件、训练盲样检测、熟悉国家认可实验室的管理规范，实验室硬件完全依照CNAS国家认可实验室要求建设，并依据检测实验室国际准则ISO／IEC17025进行管理。2006年，该实训室获得CNAS国家实验室认可和CMA计量认证资格，具备向社会出具公证资料的资格，面向社会开放。为进一步深化合作的广度和深度，逐步拓展实训室的技术研发和技术服务功能。2007年，深圳职业技术学院与华测检测公司共同组建"分析检测技术研究中心"，依托该实训室成立，合作开展检测方法研究、检测标准制订、申请研发项目、开展分析检验技术培训等，实训室的技术水平和服务能力显著提升。随着研究的深入和拓展，研究的新成果又应用到实训教学中，提高了实训教学的技术含量，并引进了检测行业的新标准和新方法。2009年华测检测成功上市，成为国内首家上市的检测公司。

2010年中鼎检测股份有限公司继华大基因后与深圳职业技术学院开展共建分析检测平台；2011年，深圳市生化检测平台在深圳中鼎检测的共建下，以深圳职业技术学院的名义独立获得CMA资质，按照企业模式运作。该平台的主要任务是针对深圳市食品、药品、生物制品企业产业化发展对产品质量安全保障的需求，结合深圳市各级各类检测机构的实际状况，建立一个具有独立第三方身份

的国家认证、认可资质的生化制品原料（含食品、药品）等质量安全检测产业实体，辅助政府，服务社会。

 对接生物产业链，与产业发展"同频共振"

深圳市作为首批国家生物医药产业基地和国家自主创新示范区，生物医药产业发展起步早、基础好，是深圳市重点发展的支柱产业、战略新兴产业和未来产业。据2019深圳国际生物技术大会公布的数据，深圳生物医药产业规模以年均20%的增速快速增长，已形成以靶向创新药物研发、生物检测、免疫治疗、合成生物学技术为基础的精准医疗研发机构和企业，涌现出华大基因、迈瑞、微芯生物等一批国家级龙头企业和行业领军企业。《深圳国际食品谷发展规划2021—2035年》中提出了基于营养科学、流行病学、生物信息学、遗传学和代谢组学等多组学、多领域跨学科的交叉合作的精准营养发展方向。为应对深圳市生物产业的快速升级，深圳职业技术学院先后建立了深圳市大规模细胞培养技术和细胞资源库公共技术服务平台、深圳市生化分析检测公共服务平台、广东省农业科技创新中心、纳米医药研发国际科技合作基地、海洋生物医药研究院等省、市、校级研发和技术服务平台，各平台的研究内容围绕深圳市产业重点开展。如海洋生物医药主要从事海洋生物医药领域应用基础研究与关键技术研发，以海洋来源Ⅰ类创新药研发作为长期目标。同时研究院以解决"产业技术研发需求"为导向，针对癌症等重大疾病，开展具有高附加值原料药和药物中间体的合成路线和工艺优化；针对药物传输、缓释与靶向，开发功能微球等材料技术。

 共享、开放，与行业、企业形成"发展共同体"

深圳职业技术学院生物技术实训基地创新技术平台致力于与深圳市生物行业、生物企业共生、共长、共融，密切跟踪新技术、新模式、新业态，对接未来产业变革和技术进步趋势，调整人才培养定位，更新教学内容，将新技术、新工艺、新规范等产业先进元素纳入教学标准和教学内容，确保培养目标适应岗位要求，教学内容体现主流技术，人才培养体系与时俱进。以深圳市大规模细胞培养技术和细胞资源库公共技术服务平台为例，该平台坚持共享、开放的服务宗旨，做了大量工作，也取得明显成效，主要做法如下。

（1）在技术转移和自主研究的基础上，持续不断地将科研成果进行工程化研究开发。本平台依托单位为深圳职业技术学院，合作单位为深圳市生物技术协会，其会员单位包括了深圳市主要的生物技术公司。在此平台上进行关于细胞产品的研究，不管是一方单独研究还是双方共同开发研究，双方都可以就此研究成果洽谈，进行技术转移或成果转化，减少了因宣传力度不足或者信息不流通而造成的研究成果只停留在实验室阶段的局面，加快实验成果转化。

（2）实行开放服务，接受深圳市的关于细胞培养及细胞资源库的工程技术研究、试验项目和科技服务项目。因本平台的承担单位深圳职业技术学院本身就是深圳市政府支持建设并立足于服务深圳企业的，故平台建设完成后，平台设备将对学会会员单位和生物孵化器的单位开放使用，仅收取管理费，并对企业研究内容签订保密协议；对非会员单位收取设备使用费和管理费；另外制定开放服务，提供技术支持和技术服务的收费标准，制定严格的平台管理规章制度。

（3）参与引进技术的消化、吸收与创新。目前我国的上游构建技术和哺乳动物细胞培养技术落后于生物技术发达国家，为此平台将定期派人员到国内外生物技术水平较高的企业和科研单位进行进修、学习，培养具有较高水平的学术带头人、高中低专业技术人才和工程管理人才。在此基础上对引进的技术进行消化、吸收，然后再创新，建设成为有独特特色的平台。

（4）平台定期举行平台内部人员交流以及内外人员的交流讨论会，为平台的运营和推广出谋划策；在平台建设完成后，定期邀请国内高水平的学术带头人来深圳职业技术学院举办学术讲座。

（5）通过网站建设，订制平台的服务项目指南和技术服务指南，与国内外相关研究单位进行交流合作，扩大平台的影响力和竞争力等。

已经成功运营的典型案例是：该平台进行大规模细胞培养技术，平台自主研发的多个项目已经和深圳市的生物技术企业进行了技术合作和转让；进行了国际化的合作项目；进行了技术服务类的项目。

研发活动活跃，科技成果丰硕

生物技术实训基地现已建成"广东海洋药物产教融合创新平台""国家荔枝龙眼产业技术体系深圳综合试验站""广东省农科科技创新中心"3个省部级研发技术平台，"深圳生化分析检测公共服务平台""深圳大规模细胞培养技术和细胞资源库公共技术服务平台""深圳市精制发酵检测系统重点实验室"和"深圳海洋生物育种创新平台"4个市级技术研发平台，深圳职业技术学院海洋药物研究院、纳米医药研发国际科技合作基地2个校级平台。各平台团队已形成一支高学历高职称的师资队伍，其中骨干教师22人，45岁以下人员占比45%，90%具有博士学位，90%具有副高以上职称，双师素质占比85%。平台拥有广东省珠江学者2人，广东省高等学校"千百十人才培养工程"省级培养对象1人，南粤优秀教师1人，深圳市鹏城学者1人，深圳市高层次地方领军人才3人，"全国高校黄大年式教师团队"成员5人，广东省科研创新团队1个。平台骨干成员均有指导/协助指导过研究生和博士后科研人员。2017—2021年，承担市级以上科研项目30项，其中国家自然科学基金3项，省部级项目5项，市厅级项目22项，经费达1817.12万元。团队积极与企业开展技术攻关和服务项目，承担横向项目28项，到账经费299.70万元。先后获中国农业科技奖一等奖1项、广东省科学技术奖一等奖2项、广东省农业技术推广奖一等奖1项、二等奖1项。2017—2121年发表核心以上论文88篇，其中SCI论文59篇，授权国家发明专利6项。承担和参与各类技术标准制定10项。高质量的平台为学生创新能力培养奠定了良好的基础。

第三节 依托生物技术创新平台培养学生创新能力，实现"学中有研"

  夯实基本技能，养成良好职业素养

夯实学生的基本技术操作能力和形成良好的职业素养是培养学生创新能力的重要基础。生物技术专业（方向）的学生大一开设"生物与化学基本技能"实训课，24学时，内容包括：称量、加样、pH测定、灭菌、离心等生物技术常用操作技术，实训教材部分内容选用华大基因入职员工培训与考核资料。考试为形成性考试，对所有项目制定了严格的考试标准，培训结束后，由2位教师同时对每一个学生进行单独考试，学生需要在规定的时间内正确操作，并且结果达到规定的要求。因此，学生需要通过大量时间反复练习方能顺利过关。

职业素养重点培养学生的实验室安全意识、规范操作和严谨、精益求精的工匠精神。大一新生需要参加实验室安全培训和考试合格方能进入实训室；在实训课广泛推行"5S"管理（整理、整顿、清扫、清洁、素养），培养学生的规范操作意识；针对大一学生举行"技能大比武"赛事，来激发学生精益求精的工匠精神。

通过上述系列实训、培训和赛事，学生的基本技能和职业素养得到明显提升，为创新能力的培养打下坚实基础。

  开设"创新思维"课程，启蒙创新思维

"创新思维"课程是所有学生的必修课，通过该课程的学习和实践，是学生掌握创新思维的主要方法，加深对于市场需求的体会，熟悉发明的全过程。从发现有价值的问题开始，经过一系列创意活动，从技术上找到解决问题的途径，在验证创意有效性后，进而完成一项专利申请书的撰写。该课程特点是：从理论和实践层面，渐进式培养学生的创新思维。

三 开设创新型项目化课程，系统培养学生研发能力

面对生物技术相关专业学生开设创新型项目课程，这些课程来自专业教师的科研项目，人数限定15人以内，引导学生查阅文献、指导技术路线设计和对结果进行评价。2019—2021年开设了8门项目化课程（表3-1），学生普遍感到创新思维和技术能力得到全面提升。

表3-1　项目化课程

序号	课程名称	主讲教师	授课班级	备注
1	微生物快速检测	唐勇军	生物技术相关专业	创新型课程
2	PI3K-Akt-mTOR信号通路中关键基因表达	张丽君	生物技术相关专业	创新型课程
3	益生菌功能食品创客实践	朱俊晨	生物技术相关专业	创新型课程
4	重组人干扰素含片的制备	王妍	生物技术相关专业	创新型课程
5	海藻中生物活性物质提取工艺及其体外功效评价	雷思佳	生物技术相关专业	创新型课程
6	降血压肽的制备与检测	杨剑	生物技术相关专业	创新型课程
7	农产品开发	乔方	生物技术相关专业	创新型课程
8	大型细胞培养和大型海藻培养	金刚	生物技术相关专业	创新型课程

四 推行"学生科研助理"模式，全面锻炼学生研发能力

生物技术实训基地各研发平台及各项目组广泛招聘学生作为科研助理，按工作时间和业绩付给学生报酬，学生利用课余时间参与平台的管理、项目研发和对外技术服务。例如，生化检测公共服务平台招聘学生参与实验室认可申请、检测项目的开发和对外检测项目；细胞公共服务平台的日常管理如安全、试剂配制、样品处理等主要由学生负责；参与各项目组的学生全程参与项目技术路线设计、实验操作、定期研讨会和结果分析，这种真刀实枪的研发经历，大大提高了学生的创新能力和专业素质。

五 实施创新工程，推动学生自主创新

鼓励学生积极申请学校的"创新工程"项目，要求学生通过市场调查、企业走访，文献查阅，依托平台科研项目和技术，自主设计项目，制定技术路线，项目通过外审专家评审和学校组织的答辩后立项，学校给予2万～5万元资助，依托平台的项目，平台也给予资助。

六 以赛促学，以赛促创

树立"激活潜能、主动探索、享受过程"的新理念，充分利用平台的技术、科研项目和成果优势，引导学生积极参加创新工程和创新创业训练项目，并在此基础之上遴选项目团队参加国际大学生基因工程机器大赛、中国国际"互联网+"大学生创新创业大赛等有影响力的创新创业赛事，来激发学生的创新思维，培养创新能力（详见第四、五章）。

建立激励机制，促进创新创业教育持续发展

落实创新创业教育，就要创新机制，通过政策和制度激励学生创新创业，引导教师积极投身创新教育中。为此，学校和学院层面都出台了多个文件来重点支持学生创新创业。学校专门制定了《深圳职业技术学院"十三五"发展规划创新创业发展分规划》，出台了《关于进一步推进创新型项目课程建设的意见》《深圳职业技术学院关于深化创新创业教育的实施办法（试行）》《深圳职业技术学院关于深化创新创业学籍和学分管理办法（试行）》《深职院创新工程暨"挑战杯"管理规定》等文件，应用化学与生物技术学院出台了《应用化学与生物技术学院教职工年度考核、聘期考核优秀推荐办法》《应用化学与生物技术学院学生技能大赛激励机制实施细则》等文件。这些文件提出了创新创业的实施规范，并从奖励、升学、学籍、学分替代、评优等方面给学生很多优惠和灵活的政策，同时从教学工作量、奖励和评优等方面激励专业教师将更多的精力投入到指导学生的创新创业工作中。

在人才培养模式方面，从顶层设计出发，将创新创业教育合理、有效地加入专业基础教育、专业教育中，优化人才培养方案，将创新创业教育贯穿人才培养全过程，全方位、多角度地对创新创业教育进行科学规划和具体落实，制定出更为灵活、多样化、个性化的人才培养新方案。这个过程中，学校教务处、学生处、双创学院、学院团委与本专业等诸多部门组织协同配合实施。例如教务处在专业教学计划制定过程中，明确要求各专业将"创新思维"列入专业必修课，学生处、团委每年组织创新工程暨"挑战杯"项目申报、评审等，双创学院组织学生参加全国"互联网+"创新创业大赛，面向全校开设创新创业方面的课程，提供场地孵化学生的创业项目，食品生物技术专业教师则更多的是开设"创新性项目化"课程，指导学生参加"挑战杯""互联网+"创新创业大赛及国际创新创业方面的比赛。

 ## "学中有研"主要成效

 人才培养质量高,创新创业能力强

深圳职业技术学院生物技术类专业毕业生广泛分布在深圳市乃至全国生物技术行业,其创新能力和综合素质受到了用人单位高度评价。以2016—2020届学生为例,麦可思公司调查数据显示,深圳职业技术学院生物技术类专业平均就业率97%、月收入5628元、专业相关度75.3%(全国示范职业院校同类专业分别为94%、4075元、61%),平均创业率达到了7%。

本专业成为华大基因招聘人才的主要来源地之一,先后有70余位毕业生在华大基因工作,分布在研发、生产、销售和管理等岗位,有的成为部门负责人,有的成长为课题组长。

 各类大赛成绩优异,学生创新实践踊跃

2017—2021年专业学生在国内外各类比赛中屡获佳绩,获中国"互联网+"大学生创新创业大赛国家级金奖3项,省级金奖3项,银奖1项,铜奖2项;获国际基因工程机器大赛(iGEM)金奖3项,其他各类竞赛获奖共计10项(附录1)。2018—2020年,生物技术相关专业共开设创新性项目化课程8门,学生申请创新工程10项、创新创业项目50项,参与学生500余人,生物技术专业(方向)100%的学生参与创新创业类大赛。2018—2021年生物技术类专业学生申请专利16项,其中发明专利6项,获专利授权6项。

第四章

研赛生创：以国际基因工程机器大赛（iGEM）促进高职学生创新能力培养

生物产业具有技术含量高、知识和技术更新快等特点，是典型的高端技术主导型产业。近年来随着基因测序、细胞治疗、合成生物学等前沿技术的发展及应用，传统的高职技能型人才已经无法满足产业的需求。《国家中长期生物技术人才发展规划（2010—2020年）》中指出，发展生物技术迫切需要培育创新型生物技术人才。人工智能在生物技术产业领域中的应用，重复性操作技术岗位日渐被机器取代，迫使高职生物技术类人才培养必须转型升级，迫切需要高端技术创新应用型人才。

创新能力是指人们在创新活动中表现出来的潜能，包括创新意识、创新精神、创新性人格等要素。科技竞赛具有探索性、创造性和科学性，是一个发现问题、分析问题和解决问题的不断挑战的过程[1]。在竞赛活动中，学生获得成就和声誉的动机表现得非常强烈，学习兴趣和克服困难的毅力增强，学习积极性得到充分的发挥，这都有利于学生创新能力的培养[2]。

依托创新技术研发平台，基于师生研发项目基础，引导学生挖掘实施项目，鼓励学生参加大学生创新比赛，体验项目实施过程的酸甜苦辣，感受比赛成果带来的成功和喜悦，激发学生创新创业的内生动力，实现"研赛生创"。学生将研究的创新成果参与创新比赛始于2009年"挑战杯"大学生课外学术科技作品竞赛，获得一等奖。自此之后，团队教师不断发掘能够全方位培养学生创新能力和综合素质的大赛，以大赛为牵引激发更多的学生参与创新训练项目研究之中，本书中主要介绍在专业领域影响力大、历时时间长、交叉学科多、综合素质要求高的两大比赛：国际基因工程机器大赛（iGEM）和中国国际"互联网+"大学生创新创业大赛（详见第五章）。本章主要介绍国际基因工程机器大赛（iGEM）以及学生的参赛历程和收获。

---

1 范宗宪，姚雅芬，王世军，等. 营造创新教育氛围，培养医学生创新能力［J］. 黑龙江医药科学，2008，31（5）：74-75.
2 周瑁. 以物理实验竞赛为抓手大学生实践创新能力的培养［J］. 大学物理实验，2018，31（4）：115-117.

第一节　iGEM 赛事内容介绍与特点

国际基因工程机器大赛（iGEM）是合成生物学领域的国际顶级大学生科技赛事，也是涉及数学、计算机、统计学等领域交叉合作的跨学科竞赛，被认为是培养大学生创新能力的有效途径[1~3]。该赛事由美国麻省理工学院于2003年创办，2005年发展成为国际赛事，于每年10月在麻省理工学院进行最终角逐。国际基因工程机器大赛赛况和研究成果每年都受到《科学》《自然》《科学美国人》《经济学人》等顶级学术杂志，英国广播公司这样的传统媒体的关注并进行专题报道，具有广泛的国际影响力。深圳职业技术学院应用化学与生物技术SZPT-CHINA团队在2019年以来连续三年作为国内唯一的高职院校参加此项比赛，与哈佛大学、麻省理工学院、牛津大学、剑桥大学及清华大学、北京大学等国内外顶尖名校同台竞技，连续3年获得金奖，并获得含金量极高的2项最佳项目奖和2项最佳项目提名，受到社会广泛的关注。

一　赛事内容

iGEM是一项以生物技术为主的综合比赛，充分锻炼了参赛队员的创新能力、团队协作能力。大赛包括实验项目、实践推广、数学建模、合作交流、网页制作、部件递交、现场答辩、海报展示8个模块，需要参赛队伍具备实验设计、数学建模、网页设计等综合技能。参赛队伍在前期必须完成实验室验证、数学建模、部件递交、实践推广、利用网络展示研究结果等规定任务。赴美比赛期间还

1　胡冠山，潘为刚. 以科技竞赛为驱动的大学生创新实践能力建设研究[J]. 教育现代化，2018，49：54-56.
2　郝晓冉，邴杰，陈金波，等. 大学生自主创新能力培养——国际遗传工程机器大赛简介[J]. 生物学通报，2017，52（7）：21-23.
3　王启要，李鹏飞，高淑红，等. 国际基因工程机器大赛对本科生综合能力培养模式的探索[J]. 生物工程学报，2020，25（12）：33-37.

必须完成海报展示、现场答辩工作，在组委会指定大厅展示项目海报，并对前来提问的裁判进行讲解汇报。在此基础上，进行现场答辩，先用英语汇报20分钟，包括研究背景、实验项目、数学建模、实践推广、研究展望等内容，汇报结束后全体队员上台进行答辩，回答评委10分钟的提问。备赛期间，以学生为主体完成提出问题、自主设计实验方案、验证方案可行性、展示探索结果等整个科研训练过程，教师起到指导和配合的作用。由于赛程较长（近一年）并涉及国际交流，这对学生的耐性、团队协作能力和语言交流能力等多方面综合素质要求高。学生在参赛过程中，一方面可以体验系统的科研训练过程，激发创新动力和锻炼实践能力；另一方面，也有利于全面提升个人综合素质。

三、赛事特点

（一）开放性

该项比赛对比赛项目没有严格的限定，参赛团队从利用生物技术解决医疗、食品与营养、制造、环境、能源、农业等生物技术应用领域的实际问题出发，基于生物技术原理和方法，构思出一个富有创意的解决方案，熟练运用所掌握的实验技术并将其实现即可。

（二）综合性

参赛期间，队伍必须在规定的时间内填写、提交完组委会的各项要求；完成实验并且递交富有创意并能够用于实现实验方案的基因模块，同时提交对各基因模块功能的验证结果；建立有效的数学模型，对项目进行预测和验证；围绕项目进行社会实践活动，充分论证项目的实际意义以及对项目最终获得产品进行市场推广；制作一个介绍本项目的网站（Wiki）、现场展示PPT（Presentation）、宣传海报（Poster）。最后，队伍将前往美国波士顿，参加一年一度的iGEM总决赛。现场决赛时，每个参赛队伍需要在会场进行一次时长为20分钟的项目答辩展示，并在会场大厅进行Poster讲解评比环节。评委们则会根据网站内容展示、项目答辩、海报讲解等部分综合评比，最终评出金牌、银牌、铜牌；同时设立含金量极高的最佳项目奖和单项奖。所以这个比赛不但是技能操作，更重要的是展示学生的创新能力、分析解决问题的能力和组织、演讲等多方面的综合能力。

（三）融合性

通过上述对比赛综合性的描述可见，系统性地完成项目需要生物技术、网络技术、数学、管理学、美工设计等不同专业的学生共同协作，因此是一项交叉学科高度融合的比赛。

（四）广泛性

iGEM创始之初主要针对在校大学生，后逐渐扩大到研究生以及高中生。参加iGEM项目的团队越来越多，许多高校已经将iGEM赛事作为学校的传统项目和文化。并且国内许多高校已经将iGEM项目作为生物技术专业学科建设的重要指标。2019年iGEM竞赛吸引了哈佛大学、麻省理工学院、牛津大学、北京大学、清华大学等国内外著名高校为主体的375支队伍4000多名大学生参赛，中国地区共有128支参赛队伍。

（五）认可度

iGEM是生物技术领域中新兴学科合成生物学的顶级赛事，受到国内外高校、科研机构及企业广泛认可。

第二节　深圳职业技术学院 SZPT-CHINA 团队参赛过程

一　组队

（一）宣讲与面试

在比赛前一年的11月进行组队，包括宣讲、上届队员分享、答疑、多轮面试、培训和考核，最后确定参赛名单。每次宣讲学生报名踊跃，应聘者云集，成为深圳职业技术学院一道靓丽风景。面试着重考核学生的创新思维、专业知识、交流能力、心理素质。面试结束后，确定30人左右的初选名单（图4-1）。

（1）大赛专家讲解

（2）上届学生分享

（3）答疑

图4-1 iGEM大赛的宣讲与面试

（二）培训、考核确定大赛名单

教师对入选团队进行合成生物学知识的讲解，上届参赛队员对初选学生进行相关知识和技能培训（图4-2，表4-1）；培训结束后，综合考察学生的学习态度、专业技能、时间投入、吃苦精神，以及团队合作等各方面的情况并进行记录和评价。最后，综合iGEM老队员和指导老师的意见确定参赛人员名单（表4-2）。

表4-1　2021届iGEM初选队员专业知识与技能培训表

日期	时间		事件
1.17（周日）	下午	14:30-17:00	破冰活动
1.18（周一）	上午	09:00-11:30	《生物化学概论》
	下午	14:30-17:00	《微生物学导论》
	晚上	18:30-21:00	《基因工程概述》培训
1.19（周二）	上午	09:00-11:30	iGEM相关网站了解和使用
	下午	14:30-17:00	iGEM（视频、海报、logo、制图、自媒体）讨论
	晚上	18:30-21:00	实验试剂和器材准备
1.20（周三）	上午	08:30-09:30	开紫外灯、无菌操作和接种介绍
		09:30-11:30	菌落分离计数和清理实验用品
	下午	14:00-14:30	核酸提取和移液枪的使用
		14:50-17:00	实验操作（核酸提取、浓度测试、核酸电泳）
		17:00-17:30	总结实验注意事项
1.21（周四）	上午	09:00-11:30	酶切、PCR和转化
	下午	14:30-17:00	考核（无菌意识与操作、移液枪的使用、PCR）
1.22（周五）	上午	09:00-11:30	往年iGEM项目演讲
	下午	14:30-17:00	信息资源检索

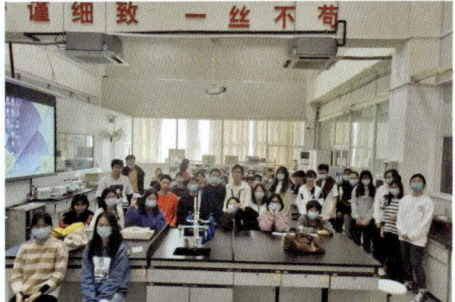

图4-2　初选队员iGEM培训过程

表4-2　2019—2021深圳职业技术学院iGEM参赛团队组队情况

届别	人数	专业
2019	16	食品科学与工程（本科，辅修生物技术）、食品生物技术、食品营养与检测、计算机技术
2020	15	食品生物技术（生物技术及应用方向）、食品营养与检测、计算机技术
2021	14	食品生物技术（生物技术及应用方向）、精细化工、高分子材料、商务英语、人工智能、动漫设计、传播与策划

二　创意筛选

参赛名单确定后，队员们分组开始选题，他们利用寒假期间学习《合成生物学概述》、查阅文献、市场调研、讨论，进行头脑风暴，提出多个原创性的课题及其解决思路，寒假结束返校后各小组汇报选题，经过多轮答辩最后确定一个项目，确定的项目也需结合学院已有的资源平台，并充分咨询相关专家，以确保项目具备足够的可行性。例如，2019年各小组共提出8个项目，包括：降血压肽乳酸菌、小菜蛾的生物防治、橘小蝇的生物防治、废旧锌锰电池的处理、液体活检癌症早期筛查、生物催化应用于石油脱硫、乳酸菌治疗龋齿、红火蚁生物防治项目。经过答辩，降血压肽乳酸菌、红火蚁生物防治、生物催化应用于石油脱硫3个项目进入第二轮答辩，各小组再次调研、咨询中科院深圳先进院及医院等机构的专家，综合考虑项目的价值及本校降血压研究的基础和技术平台，确定降血压肽乳酸菌项目入选参赛（图4-3）。项目确定后，根据专业和个人特长，将团队分为实验组、社会实践组、建模组、演讲组、网页组，各组之间相互协助，组会全员参加。

（1）创意汇报

（2）小组讨论

（3）与中科院深圳先进院合成生物学专家戴俊彪教授交流

（4）采访龙岗区人民医院心血管专家付刚主任医师

图4-3 iGEM参赛项目的确定

项目设计与实验

  入选的项目仅仅是一个思路，要变成具体的方案需要查阅文献、咨询专家、小组讨论。以2019年参赛项目"降血压肽乳酸菌"为例，这个项目内容是：选择一般公认安全并且有很强的肠道黏附能力的乳酸菌作为底盘，将多种高活性的降血压肽克隆到食品级分泌表达载体中，根据胃肠道环境的不同来调控乳酸菌在肠道的定向表达。项目中的降血压肽必须是有自主知识产权的高活性肽，这些活性肽是利用降血压肽数据库设计出来的，但如何设计出新型且高活性降压肽是一个难点，于是团队要查阅大量文献，分析降血压肽构效关系。在蛋白质结构指纹技术创立者，麦科罗医药科技有限公司首席科学家、中科院深圳先进院客座教授杨家安的指导下，终于设计出10条降血压肽（图4-4）。经实验验证，其中2条肽活性比目前已经大规模应用的降血压肽的活性更高。从项目创意提出到项目技术路线设计完成，经历了近四个月的时间，共5轮讨论。

图4-4 蛋白质结构指纹技术创立者杨家安博士指导降血压肽设计

项目实验从2019年3月开设一直持续到10月，实验内容包括降血压肽活性验证，菌种动力生长曲线的测定，电转化的条件优化，酶切验证，电泳验证，基因工程表达降血压肽的分离、纯化及活性检测，降血压肽乳酸菌产品制备等。实验过程中出现了难以想象的困难，加班、熬夜是常有的事，但同学们愈挫愈勇，分析讨论问题原因、查阅文献、请教专家和老师、再修正技术路线、最后进行实验室验证，突破一个又一个技术瓶颈，终于完成了各项实验室任务（图4-5）。

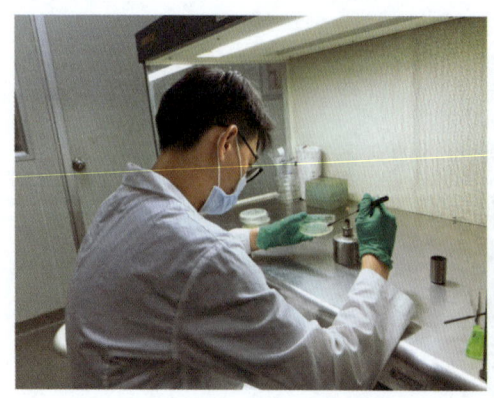
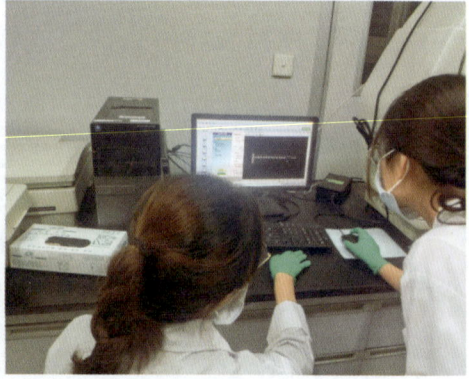

图4-5 参赛团队实验过程

四 社会实践

iGEM的主旨是"世界是如何影响你,你怎样改变世界",凸显项目的社会价值。2019年参赛项目"降血压肽乳酸菌"社会实践活动包括:社区调查,宣教与义诊,走访专家、企业和行政机构,去革命苏区江西省吉安开展"三下乡"活动。

(一)社区调查、宣教与义诊

社区调查主要是了解居民对高血压的发病率、知晓度及用药情况,为确保调查表设计合理有效,团队组员请教社会调查专家深圳职业技术学院人文学院汪婧博士如何设计调查表。为更好地宣传高血压的知识,2019年6月SZPT-CHINA团队成员与深圳市第二人民医院心血管内科主任陈海波主任医师进行座谈,请教陈医师关于高血压预防、保健品与高血压正规治疗的关系、如何增强患者/正常血压者对高血压预防和治疗意识等知识。在医护学院医学博士后、副教授、副主任医师张艳明带领下,参赛成员在学校、社区开展高血压宣教、测量血压和义诊(图4-6)。通过这些活动,参赛学生对社区人群的高血压发病状况、知晓度及项目产品的市场前景有比较全面的认识,同时学会了调查表的设计原则,锻炼了自己的沟通能力,更深入了解参赛项目的社会价值。

(二)走访食品安全专家、行政官员、企业家

我们的产品是基因工程产品,它的安全性如何,如何申报保健食品,参赛队员实地采访了营养食品质量监督检验中心的食品安全管理专家张世伟教授,并就申报新资源食品流程,电话采访了食品药品管理局官员。通过采访,参赛队员知道基因工程食品的安全管理规则、申请保健食品流程及注意事项。就产品的市场前景及生产工艺采访了晋白慧生物公司的于浩洋董事长,了解到生物产品市场化途径和生物公司建立的过程与发展。这些采访活动使参赛团队对基因工程食品研发、安全管理及申报和产业化有更深刻的了解(图4-7)。

（1）请教深圳职业技术学院人文学院汪婧博士设计调查表

（2）访谈深圳市第二人民医院心血管内科主任陈海波主任医师

（3）SZPT-CHINA团队深圳大学城福光社区进行义诊宣教和调查

（4）为当地社区居民量血压做调查

图4-6 iGEM大赛的社区调查、宣教与义诊工作

（1）与张世伟教授交流合影

（2）与于浩洋董事长交流

图4-7 iGEM大赛的走访经历

五　江西吉安市开展"三下乡"活动

针对中国的高血压现状，高血压的年轻化趋势、乡村高血压防治意识薄弱等情况，深圳职业技术学院SZPT-CHINA团队联合本校健康促进协会、吉安职业技术学院农林学院于2019年7月8～12日前往吉安井冈山市黄坳乡开展"三下乡"活动。主要工作如下：

（1）高血压病调查　对吉安市黄坳乡高血压患病情况和村民对高血压的认知程度进行调查，讲解高血压带来的危害和预防方法。对村民开展高血压筛查，为村民提供了详尽的高血压体检评估表，并提供健康生活习惯的建议。

（2）关心孤寡老人　前往黄坳乡敬老院给老人们送礼物，陪他们聊天，给他们测血压，宣传高血压预防知识。

这次调查发现流动人口是高血压管理的短板，关注他们的健康势在必行。此外加深了队员对革命老区红色文化的认识，激发了队员的爱国热情，培养了吃苦耐劳、乐于奉献的精神（图4-8）。

（1）高血压预防及用药问卷调查

（2）为养老院老人测血压

图4-8　前往江西吉安市开展"三下乡"活动

六　国内交流

iGEM比赛过程中，交流是十分重要的环节。iGEM组织方明确要求每支队伍必须跟其他的队伍在项目方面进行交流合作，这也体现出当今科学研究的一大趋势。我校iGEM团队历来都积极参与国内外的各种交流活动。2019年5月5日，第三届iGEM华南地区交流会在深圳大学举行，来自中山大学、华南理工大学、华南农业大学、南方科技大学等华南地区12支队伍的70余名队员参加了此次活动。在交流会上收获到了不少的知识与灵感，同时增进了各团队间的交流（图4-9）。

图4-9 参加第三届iGEM华南地区交流会

2019年8月23日，第六届中国地区iGEMer交流大会（CCiC）在中国科学院深圳先进技术研究院落下了帷幕。本届CCiC共有来自全国六十多所高校的七十支iGEM队伍，在CCiC会场上通过队伍展示以及海报展示分享了各自的研究成果和经验，这是历史上规模最大的一次。虽是第一年参赛，初来乍到，队员们也全力以赴，在与各大高校的交流碰撞中，收获颇丰（图4-10）。

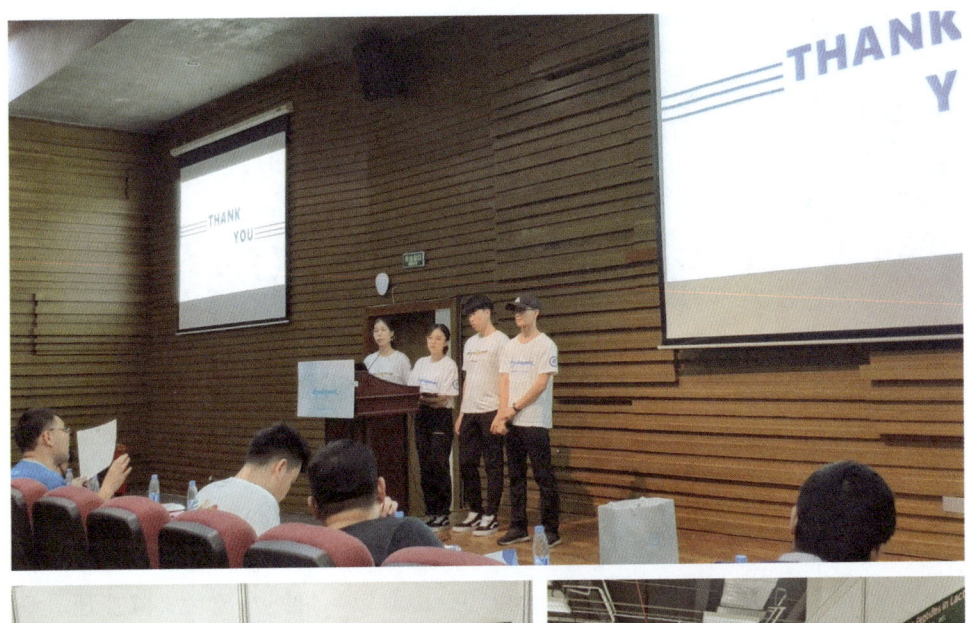

图4-10 参加第六届中国地区iGEMer交流大会

 七 现场展示、交流与答辩

海报问答环节是一场有趣的科技狂欢,与世界顶级名校欢聚一堂,天马行空的思想碰撞,领略各队风采,相互学习,彼此启示,同时接受裁判的质询(图4-11)。

图4-11 iGEM大赛现场海报交流

答辩环节是20分钟全英文的演讲和10分钟答辩。最终本项目《降血压乳酸菌》以选题新颖、实验设计巧妙、社会实践活动丰富、成果应用前景广阔、演讲与展示精彩等受到评委的高度评价，荣获金奖及食品与营养赛道单项奖提名（赛道前3）（图4-12）。

图4-12 iGEM大赛现场答辩

第三节 iGEM 赛事主要成效

学生在经过近一年的艰苦磨练，历经各种甜酸苦辣，到登上iGEM大赛舞台，问鼎金奖，那种五味杂陈、喜极而泣的感觉令人难忘，这种收获成功的喜悦将影响他们的一生。参加iGEM大赛，除了实验之外，队员在社会实践过程也一样通过各种办法完成了医生采访、社区调查、下乡实践、企业推广、政府监管部门访谈等一系列任务，因而对学生能力的培养无疑是全方位的，现总结分析如下。

一、提高了学生的创新能力

iGEM竞赛由于其完整的培训过程，包括文献查询与阅读、头脑风暴和定题，项目开展与展示等环节，显著提升了学生的思维创新。深圳职业技术学院iGEM团队SZPT-CHINA备赛期间所有队员认真学习《合成生物学导论》一书，阅读iGEM的官网，熟知iGEM相关流程与信息。备赛初期每人设计1～2个好的想法，查阅文献并做出可行的方案，各位队员尽显头脑风暴，提出多种具有创意的项目。在项目的实施过程中，队员不仅要熟练掌握各项操作技能，更重要的是还要解决实验过程中的难题。如本年度项目中用到一项电转化技术，队员们花费将近两个月时间不断尝试，不断查资料咨询，通宵探究该菌种的转化条件，这一技术的突破得到了现场评委的高度赞扬。

二、磨练了学生的意志

iGEM比赛要求学生自主选题，从实际出发提出问题，构建利用生物技术解决问题的创新方法。从对iGEM比赛一无所知，到制定项目方案、实施实验方案、建立数学模型、完成社会实践，到最终全英文网站建立、海报设计、PPT展示，每个环节都需要队员去查阅资料、自主学习。队员从学习如何查文献开始，一步一步提升自我学习能力，队员靠自己学习各种发酵模型、蛋白质模型的资料；学习Matlab软件的使用，建立数学模型；学习编程语言建立网站；学习PPT制作、各种动画的绘制与海报设计，使队员自我学习能力极大地提高。当然专业英语、英语口语更是全队员必学的任务。工作量大，同时需要设计出崭新的基因电路，且需要在一年内完成所有的工作。比赛具有工作难度大、强度高和学科交叉性强的特点，这些困难很容易让学生产生挫败感，需要学生有坚强的意志才能坚持完成各项工作。

 提高了学生对专业、科学的热情

此次大赛提供了学生与生物学界科学家、各大名校交流的舞台，在美国波士顿期间，队员看到了这个世界的不同与精彩，世界名校的学生近在咫尺，大家可以相互交流，展示各自的魅力。实验过程队员们主动通过邮件与众多生物科学界"大咖"联系，要菌株，要质粒。最重要的是他们还得到了合成生物学"大咖"戴俊彪教授亲自指导，让他们对科学充满了热情。

 提高了学生的自信心

团队组建之初，所有的队员一听国内顶级的大学，如清华大学、北京大学等"985"名校，世界顶级大学如哈佛大学、麻省理工学院、牛津大学等名校都会参加，大家忐忑不安，作为高职学校的学生，自己有这个能力吗？当最终我们的队伍与世界名校出现在金奖名单、单项奖提名名单的时候，大家都沸腾了，原来他们只要付出努力，也一样可以站上世界舞台。队员们纷纷感谢学校给了他们这次机会，更加热爱深圳职业技术学院。更为重要的是，在波士顿，队员们还认识到我们国家的强大及其对世界的影响，队员在参赛感谢中写到"我感受到了国家的强大，体验了我国的移动支付，谁都不能习惯揣着硬币在身。国内交通工具也比美国更具人性化，中国制造遍地可见。最后大赛大奖出来，高中组第一和本科组第一都是华人的面孔，那一刻我深深地感受到中国不仅出现在世界的舞台上，同时还领先了别人许多。"

表4-3是参赛队员获得成绩后的获奖感言摘录。

表4-3 参赛队员获奖感言

姓名	感言
黄林森 队长	当一切都结束的时候，一年经历的点点滴滴都让人无比地怀念。怀念一起"爆肝"拼搏、怀念相亲相爱的队友、怀念老师事无巨细的指导与关心、怀念实验做不出来时抓狂的心情……
陈绮彤 演讲组成员	当我站上演讲台拿着麦的那一刻，原来结束比赛的这一天，我们站上了一个国际舞台，与哈佛大学、牛津大学、麻省理工学院等世界名校一起角逐奖项。最终获得了金奖和单项奖提名，无愧全队师生18人的付出，我想这真的可以吹一辈子牛。
刘佳全 建模组成员	在iGEM比赛的一年里，我们通宵做过实验，制作WiKi、PPT和海报，热情过，丧气过，奋斗过，还有开心过。开始是心潮澎湃，过程是痛苦和煎熬，回忆过程是非常难忘和快乐。当然，快乐才是最重要的事情。
何丽冰 实验组成员	伴随着激动的呐喊、感动的泪水，iGEM结束了！在这一年里，对于每一位真心付出的参赛者而言，成果是对我们最大的肯定。成绩的取得，离不开所有人的努力；参赛的过程，更是见证了所有人的成长。虽然过程很苦很累，但当最后我们登上了Jamboree的舞台时，心里是非常紧张激动的。
吴卫佳 实验组成员	这一年里，我的能力得到了极大的锻炼。于自己的能力，或许不参加这个比赛，我还只是一个照着实验方案按部就班做实验的助手。而参加这个比赛，我接触到实验方案的设计、基因序列核对查找合成等一些比较深入的东西，自己对于生物前沿技术有了更加深入的了解。

续表

姓名	感言
罗晓林 建模组成员 	回到祖国怀抱的那一刻，仿佛一切都像是一场梦，从一开始的组队，到现在带着荣耀。细细回想这一年的历程，真的学习到了非常多的东西，很多我觉得理所当然的事情背后却有我们想象不到的艰难。
林秀文 答辩组成员 	美国之行真的是一次难忘之旅。在那里，我们与其他的队伍进行了交流，我们去学习了解他人的项目，同时也让更多人认识关注到我们的项目。你可能没见过端着午餐在旁边聆听的伙伴们吧，而在poster场地，气氛是轻松愉快的，这样的场景随处可见。
陈鸿杰 实验组成员 	项目进行过程中有许多磕磕绊绊，团队内部间有诸多不满，但是，可以说在项目结束的这一刻、在获得金奖以及最佳食品与营养领域项目提名的这一刻、在吃龙虾的这一刻，是与所有项目参与人员以及老师和一直默默支持我们的人息息相关的。
敬丹婷 HP组成员 	在海报现场兴致昂扬地介绍项目、去其他队伍的海报前发现新大陆、答辩场上看队友将这近一年的成果慢慢展示、颁奖现场看到大屏幕上出现SZPT-CHINA时和队友拥抱欢呼。一切都让我们觉得，没有辜负数百个日夜的心力和汗水，那些咬牙撑过的挫折也都算值得。
黄家伟 实验组成员 	在iGEM比赛的日子里，有挨过骂，有内讧过，当然也有让人高兴的时候。但我感到高兴的，并不是实验的某个成果做出来了，真正让我感到高兴的是大家在这种压抑感十足的环境氛围中，还能在空闲时候相互开玩笑来缓解疲劳。
任莉苗 HP组成员 	iGEM结束后，感觉到了许久没有的放松。在将近一年的iGEM长跑中，我也学到了不少东西，也是我大学期间最好的实验室体验。当初加入iGEM也是觉得可以接触到很多实验，不过没想到iGEM比赛并没有最开始想的那么简单。

续表

姓名	感言
叶晓峰 HP组成员 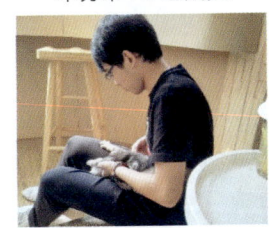	历时近一年的iGEM比赛终于落下帷幕。现在回想起来，这一年真是转瞬即逝，但又异常充实：我们上过社区、下过乡村、采访过专家、咨询过老板……尽管这段时间非常辛苦，但同样也是收获颇多。
詹智浩 答辩组成员 	它来了，它来了，它真的来了！我们漂洋过海来见你。我们踏上了美国的土地，我们兴奋中掺杂着紧张。作为Presentation组的成员，我们将顶着最后的压力，把我们的项目完整精彩地展现在各个评委面前。我做到了，战胜了自己。
郭家铭 HP组成员 	在这将近一年准备比赛的时间里，有各种酸甜苦辣，比如实验上的难关、队友间的矛盾以及最后赶WiKi的紧迫。这一切都使我甚至整个团队的同学们得到了充分的锻炼！

五　提升了学生的就业竞争力

参加iGEM比赛使参赛学生的创新思维能力、综合素质得到全面提升。表4-4是2019年参赛队员的就业、升学情况，他们的就业质量和发展潜力均表现优秀。团队成员中7位职教本科生中，有2位学生先从事研发工作，之后考入中国科学院大学的生物专业硕士研究生，2人考上公务员，1人在上市公司从事技术工作，1人从事国际贸易工作，1人从事司法工作；7名高职学生中，1人被英国格拉斯哥大学录取研究生，2人专升本进入本科学校学习，其他主要从事研发助理工作。

表4-4　19届深圳职业技术学院iGEM团队成员就业、升学情况

序号	姓名	年级专业	单位	岗位	备注
1	黄林森（队长）	16食科	中科院深圳先进院合成生物研究所	研发	2021年录取中科院大学研究生
2	吴卫佳	16食科	深圳职业技术学院化生学院	科研助理	2022年录取中科院大学研究生
3	林秀文	16食科	广东省普宁市里湖镇人民政府	公务员	
4	陈绮彤	16食科	深圳虾皮公司	国际贸易	
5	何丽冰	16食科	华测检测股份有限公司	质量管理	
6	罗晓林	16食科	深圳市公安局福永派出所	刑警	
7	刘佳全	16食科	深圳市光明区公明派出所	文检	
8	叶晓峰	17生物	英国格拉斯哥大学	生物技术	
9	任丽苗	17生物	深圳市艾伟迪生物科技有限公司	蛋白质纯化工程师	
10	敬丹婷	17生物	中科院深圳先进院合成生物研究所	研发助理	
11	黄家伟	17生物	肇庆学院	生物技术	
12	陈鸿杰	17生物	深圳大学医学院	科研助理	
13	詹智浩	18食检	仲恺农业工程学院	食品质量安全管理	
14	郭家铭	18食检	深圳市人民医院转化医学协同创新中心	科研助理	

第四节　iGEM 赛事主要经验

一　打造专业特色的创新社团

国际基因工程机器大赛（iGEM）理念在于鼓励大学生积极创新，用创新去改变世界。备赛过程中学生为主导自由选题，iGEM汇集了来自世界各地的精彩纷呈、创意迭出的参赛项目，既充满了奇思妙想，又展现出巨大的应用前景。

我们基于iGEM比赛的理念和赛事过程，创建了本专业的iGEMer创新社团。"世界如何影响你，你如何影响世界"是社团的理念，旨在引导学生去发现社会生活中所面临的问题，思考如何利用生物技术去创新性解决问题。从身边问题出发培养学生创新思维，让学生明白创新无处不在，创新的目的是解决现有的问题，通过头脑风暴、社会调查、项目设计、项目实施及项目展示等环节激发学生的好奇心和创新兴趣，激发学生对创新的内生源动力。社团开展的项目要求关注人类健康、环境可持续发展、绿色制造等问题，项目要求来自学生的独立思考和讨论，有一定创新性、可行性以及较强的应用前景，为落地转化创业奠定基础。在价值引领上，社团活动要弘扬求真、求实、探索、创新的科学精神和奉献、协作、服务、尊重的人文精神为价值取向，积极培养大学生不畏艰难的科学作风、求新探异的科学意识、合作沟通的团队精神。每年从社团项目中选拔优秀的项目参加国际iGEM比赛。该社团深受学生欢迎，每次招新应聘者云集，学生的自主性、积极性得到有效提升。

二　构建"融合式"创新教育模式

实践证明，仅靠开设创新思维等课程，开展创新工程和创新创业项目，还不能有效提高学生创新思维、创业意识和创新创业能力。根据生物技术类专业建设的现实需要，我们构建了以专业标准融合、课程标准融合、教学方法融合、专业实践融合为核心的"融合式"创新教育模式。将创新创业教育贯穿在专业标准、课堂教学、实践教学中，完善生物技术专业类专业创新创业人才体系。以专业文化与认知、创新思维课程为基础模块，增强学生对创新创业的认知；在专业课程的讲授过程中，改革教法、完善实践，积极探索将创新创业技能的培养和专业技能融入教学全过程，促进两者的有机融合，推行启发式、讨论式、案例式和研究型教学模式。

 激活潜能，以赛促学

为改变学生在创新创业大赛过程中的积极性、主动性不足的局面，我们更新理念，重新定义师生角色，教师是启迪者和陪伴者，学生是探索者和发现者，树立"激活潜能、主动探索、享受过程"的新理念。充分利用平台的技术、科研项目，引导学生积极参加创新工程和创新创业训练项目，并在此基础之上遴选项目团队参加国际大学生基因工程机器大赛（iGEM）、"互联网+"创新创业大赛等有影响力的创新创业赛事，激发学生创新思维，培养创新能力。

 引导学生自主探究

iGEM与现有的其他学生能力培养模式的本质区别就在于此。虽然参赛团队包含3位指导老师，但学生才是整个过程的主导，指导老师只会给予相关的建议、必要的引导及参与讨论。在比赛期间，学生将完成提出问题、自主设计完整的实验方案、亲自验证方案的可行性，并展示探索结果等整个科研训练过程。这样，学生们对于自己提出的课题会有更加浓厚的兴趣，乐于投入更多的热情和精力去完成。

正如合成生物学是高度交叉的学科一样，iGEM比赛活动也不仅仅着眼于项目本身。除了独立设计与完成选定的项目以外，队员们还需要完成海报制作、网站建设、活动推广，以及选题所涉及的人文、哲学方面的深层思考。因此，学生们能在整个赛程中接触并学习本专业之外的知识。项目所涉及的新知识，队员主要靠自学去深入了解，这对于学生眼界的开阔和思维的拓展是很有帮助的。

第五章

研赛生创：以"互联网+"大赛激发学生创新创业潜质潜能

始于2015年的"中国'互联网＋'大学生创新创业大赛"（以下简称"互联网＋"大赛）以备赛时间长、高校参与广泛、社会认可度高而被誉为中国大学创新创业第一赛事。该赛事不仅是对各高校创新创业教育成果的全面展示与检验，也是深化创新创业教育改革的重要抓手，更是高校人才培养改革的重要突破口和推动力。[1]高职院校通过组织学生参加"互联网＋"大赛，能发现学校创新创业教育教学改革中存在的问题，以便更有效、更有针对性地深化创新创业教育改革。"互联网＋"大赛实践中也发现了一些问题，表现在：一是部分参赛项目团队功利性较强，他们参加创新创业比赛只是为了获奖得到荣誉、奖金，忽视了通过参加竞赛得到的意志与能力的锻炼，忽略项目质量的锤炼与可行性的提升，功利化比较明显。[2]二是部分项目学生参赛过程中主动性不足。备赛过程缺乏前期创新性研发和社会实践，比赛过程完全靠指导老师设计，学生参赛只是背"台词"和"上台表演"而已，学生的创新思维、创业意识没有得到有效激活。[3]针对上述问题，2020年深圳职业技术学院"靶向降压肽"团队，立足更新理念、注重过程、以赛促创，激发学生的创新创业的潜质潜能，并在"互联网＋"大赛中荣获金奖。在备赛过程中，我们坚持"学生是探索者和发现者，教师是启迪者和陪伴者"。学生参与科研项目、开展项目化学习，以及参加各类创新创业大赛时，引导学生自主寻找项目，独立完成项目，积极参与社会实践，体验项目实施过程的酸甜苦辣，激发创新创业的内生源动力。

---

1 谭丽溪. 以"互联网＋大赛"推动创新创业教育改革——以深圳职业技术学院为例[J]. 淮北职业技术学院学报, 2020, 19（4）: 23-26.
2 王肖雨, 王塞雅, 刘冬梅, 等. 高校大学生创新创业问题及对策分析[J]. 经贸实践, 2018（17）: 339-340.
3 林月. "互联网＋"大赛背景下大学生创新创业能力培养探析[J]. 创新创业理论研究与实践, 2019（21）: 130.

第一节　"互联网+"大赛概况与特点

中国"互联网+"大学生创新创业大赛，是由教育部与有关地方政府共同主办、各高校广泛参与的国内最大的综合性赛事，是覆盖所有高校、面向全体高校学生，影响力最大的赛事之一。大赛旨在深化高等教育综合改革，激发大学生的创造力，培养造就"大众创业、万众创新"的主力军；推动赛事成果转化，促进"互联网+"新业态形成，服务经济提质增效升级；以创新引领创业、创业带动就业，推动高校毕业生更高质量创业就业。2015年，首届中国"互联网+"大学生创新创业大赛，以"'互联网+'成就梦想，创新创业开辟未来"为主题，由教育部、有关部委和吉林省人民政府共同主办，参赛项目主要包括"互联网+"传统产业、"互联网+"新业态、"互联网+"公共服务和"互联网+"技术支撑平台四种类型。至2021年，"互联网+"大赛已成功举办七届，从这七届的情况来看，至少有如下几个鲜明的特点。

　大赛规模不断拓展，影响力不断扩大

大赛采用校级初赛、省级复赛、全国总决赛三级赛制，3~5月为报名阶段，初赛复赛安排在6~9月，全国总决赛9~10月举行。全国总决赛期间，除了主体赛事外，还会举办高校创新创业教育成果展、"互联网+"产学合作协同育人报告会、参赛团队与投资机构洽谈会等同期活动。[1]一般来说，各参赛学校在校内也会组织初赛、复赛和决赛，一是为了动员更多的学生参与，二是达到以赛促教目的，深化学校人才培养模式改革，三是为了在全校范围内营造浓厚的创新创业文化氛围。所以，每届大赛，参加的高校和人数都在不断增长。据统计，第一届和第二届共2000余所高校、18万个项目，73万名大学生参赛，而2017年第三届就

---

[1] 吴爱华，郝杰，汪凯. 办好"互联网+"双创大赛壮大创新创业生力军[J]. 中国大学教学，2017（9）：4.

吸引31个省、自治区、直辖市及港澳台地区2257所高校参赛，团队报名项目37万个，参与学生150万人。[1]而2021年在江西南昌举办的第七届大赛，仍然有来自国内外约120个国家和地区、4300多所院校的230万余个项目、近960万人次报名参赛。[2]参赛赛道设置方面，第二届大赛参赛项目进一步细分为创意组、初创组、成长组三组；第三届大赛增设国际赛道，并增加"青年红色筑梦之旅"等同期活动；第四届正式增设"青年红色筑梦之旅"赛道；第五届分设高教赛道、职教赛道、国际赛道、萌芽赛道、"青年红色筑梦之旅"赛道；第六届将国际赛道并入高教主赛道；第七届新增产业赛道。从而纵向上实现了基础教育、职业教育、高等教育的全链条参与，横向上实现了国内到国外五大洲高校全覆盖，大赛的影响力不断扩大。

突出创新性，参赛项目的技术含量越来越高

创新是"互联网+"大赛的灵魂。创新包括产品创新、生产技术和工艺创新、商业模式创新。大赛要求"真刀真枪"，适应现代科技发展、产业变革和人们的生产、生活要求，针对现实中的重点和难点，契合创新创业教育创新性、实践性与前沿性的特点，通过产品创新、科技创新和商业模式创新，拿出行之有效的方案，摸索出可行的商业模式和盈利模式。从这些年参赛的项目，尤其是获奖项目来看，参赛项目普遍能够将互联网、云计算、人工智能、物联网等新一代信息技术与经济社会各领域紧密结合，促进制造业、农业、能源等产业转型升级，推动互联网与教育、医疗、交通、金融、消费生活等深度融合，表现出很强的创新性，技术含量越来越高。据有关统计，在前五届的获奖项目中，金奖项目多集中于制造业、信息技术服务业、医疗和社会工作领域；银奖、铜奖项目主要集中于制造业、信息技术服务业以及农林牧渔业。[3]而2021年第七届大赛高教主赛

---

1 吴爱华，郝杰，汪凯．办好"互联网+"双创大赛壮大创新创业生力军［J］．中国大学教学，2017（9）：5.
2 张保淑．"互联网+"双创大赛成就青春梦想［N］．人民日报海外版，2021-10-18（9）．
3 吴维东、张晓然、叶雨晴，等．基于竞赛数据画像的双创教育评价——中国国际"互联网+"大学生创新创业大赛数据分析［J］．高等工程教育研究，2022（2）：157.

道中国大陆高校所获的155个金奖项目中，大部分聚焦芯片、新材料、高端制造等"卡脖子"技术，其中有超过20个项目与新材料密切相关，约占13%。[1]

三　坚守育人"本色"，突出大赛与立德树人有机融合

"互联网+"大学生创新创业大赛将立德树人理念融入双创教育中，实现人才培养目标的定位转向为育人为本、全面发展，实现育人与发展的统一。为此，2017年，在西安举办的第三届大赛上增加了"青年红色筑梦之旅"活动，8月15日，习近平总书记给第三届大赛"青年红色筑梦之旅"大学生回信，勉励青年一代有理想、有追求、有担当，实现中华民族伟大复兴就有源源不断的青春力量。2018年第四届正式增设"青年红色筑梦之旅"赛道。2021年，全国共有2586所院校的40万个创新创业团队、181万名大学生扎根革命老区、城乡社区创新创业，共对接农户105万户、企业2.1万多家，签订合作协议3万余项。2021年，深圳职业技术学院也有46个项目踏上"青年红色筑梦之旅"，走进革命老区、贫困山区、城乡社区。这些项目包括技术带动生产、艺术改造帮扶文化遗产、关注儿童性教育的解决方案，以及社区、城镇居民的生活需求等多个方面，其中有多个参赛团队针对项目调研需求分别奔赴云南曲靖、广东云浮等地进行项目调研，更精准地调整项目需求，记录当地的真实生产生活情况。不仅拓宽了组织参赛项目的思路，而且使学生在参赛过程中受到良好的思想政治教育，把大赛与立德树人有机结合起来。

四　国际化程度不断提升

为了提高大赛的国际化水平，第四届大赛增加"21世纪海上丝绸之路"系列活动，主动服务"一带一路"建设，实现创新创业教育交流合作从"丝绸之路经济带"到"21世纪海上丝绸之路"，建立创新创业教育共同体，成立"21世纪海上丝绸之路"大学联盟，深化"一带一路"沿线国家双创教育合作和青年交

1　贾佳颖. 在这些赛道拼力"领跑"——第七届"互联网+"大赛金奖项目分析［J］. 大学生，2021（12）：6.

流，为国际高等教育发展贡献新经验。第五届大赛则提出要"更国际，拓展国际赛道，深化国际交流合作，深度融入全球创新创业浪潮"，正式增设国际赛道（国内外双学籍类），国际赛道项目可以进入总决赛。第六届大赛由原来的"中国'互联网+'大学生创新创业大赛"，冠上"国际"二字，变为"第六届中国国际'互联网+'大学生创新创业大赛"，将原国际赛道并入高等教育主赛道，（获奖）项目数量也增加了400项国际项目，国际项目奖项数量增加了5倍多，而且成为高教主赛道"正规军"，"国际"赛事分量得以体现。[1]2021年第七届大赛上，有来自五大洲1263所学校的5531个项目、15611人报名参赛，与上一届大赛相比，增幅分别达到68%和74%。包括牛津大学、剑桥大学、哈佛大学、斯坦福大学、麻省理工学院等世界前100强的大学组队参赛。据统计，最近三届大赛共有来自全球120多个国家和地区的10314个国际项目、30592名国际大学生报名参赛，大赛"国际范儿"和"含金量"不断提升。国内外参赛团队通过线上线下相结合，实现跨越空间的人文交流和技艺切磋，中国国际"互联网+"大学生创新创业大赛也由此成为融通中外的青年学子双创交流平台。[2]

 以赛促教日益突出，有力推动高校创新创业教育改革

大赛的举办既充分展示了深化高校创新创业教育改革的阶段性成果，又倒逼创新创业教育改革全面发力，加快了创新创业教育与专业教育由"两张皮"向有机融合的转变，由注重知识传授向注重创新精神、创业意识和创新创业能力培养的转变，实现了以赛促教、以赛促学、以赛促改的目的。为此，第四届大赛在目的与任务中增加了"推动创新创业教育与思想政治教育紧密结合、与专业教育深度融合，促进学生全面发展，努力成为德才兼备的有为人才"[3]内容，将创新创业教育改革的具体内容写入办赛目标中。第五届大赛在办赛目标中提出"探索素

---

1 王文晶，程淑佳. 从"互联网+"大学生创新创业大赛要求的变化反思东北院校双创教育改革[J]. 职业技术教育，2021（27）：34.
2 张保淑. "互联网+"双创大赛成就青春梦想[N]. 人民日报海外版，2021-10-18（9）.
3 教育部. 关于举办第四届中国国际"互联网+"大学生创新创业大赛的通知[Z]. 教高函[2018]2号，2018：03-09.

质教育新途径"[1]，明确创新创业教育改革的目标是实现学生素质的提升，促进创新创业教育与思想政治教育、专业教育、体育、美育、劳动教育紧密结合，构建德智体美劳"五育平台"，上好一堂最大的创新创业课。第六届大赛在"以赛促教，探索素质教育新途径"中明确提出"推动人才培养模式深刻变革，形成新的人才质量观、教学质量观、质量文化观"[2]。对此，有专家明确指出："中国国际'互联网+'大学生创新创业大赛连续举办，很好地促进了创新创业教育的发展，使其从'小众'走向'大众'，进而带动了高等教育理念更新、人才培养机制创新、教学管理制度革新，造就了越来越多勇于挑战、擅于创新、具备强烈创业精神的新一代青年。"[3]

第二节 "互联网+"大赛备赛过程

一 项目筛选与组队

"靶向降血压肽"项目源于学生的创新工程项目，该项目历经多届学生参与研发，获得2019年国际基因工程机器大赛（iGEM）金奖，项目原创性强、技术含量高，市场前景好。项目队长詹智浩是2018级食品营养与检测专业学生，担任班长，参与了项目的研发，是iGEM大赛的3位答辩选手，该同学创新能力、市场意识好，且具有良好的组织协调能力。组队的原则是"跨界组队，有进有出"。该项目在校赛到国赛期间，先后有30余人参赛，学生来自应用化学与生物技术学院、医护学院、经济学院、管理学院4个学院，食品生物技术、食品营养与检

---

1 教育部. 关于举办第五届中国国际"互联网+"大学生创新创业大赛的通知[Z]. 教高函[2019]8号, 2019: 03-25.
2 教育部. 关于举办第六届中国国际"互联网+"大学生创新创业大赛的通知[Z]. 教高函[2020]5号, 2020: 06-03.
3 张保淑. 互联网+双创大赛成就青春梦想[N]. 人民日报海外版, 2021-10-18(9).

测、口腔医学、药学、市场营销、高分子材料、精细化工、风景园林等8个不同专业学生及校友参加。大赛团队分为技术组、市场组、文案组及演讲组。在校赛和省赛期间，部分学生因能力欠缺或者承受不起比赛压力中途选择退出，但有部分学生在校赛和省赛结束后，从其他未晋级的项目中加入"靶向降血压肽"项目中。团队成员在备赛时，来自不同学院、不同专业的学生在一起根据专业特色，分工协助，相互交流，容易碰出思想火花，但不同的个性、不同的经历，队员之间有不同意见，甚至出现争吵。面对问题，詹智浩作为队长，有良好的定力和组织能力，能较好地协调队员之间的关系。作为老师，我们更多的是观察、讨论和引导，但决策由队长确定，学生是否要退出团队由自己决定。最终有15名同学经过自愿报名和筛选进入国赛决赛环节（图5-1）。

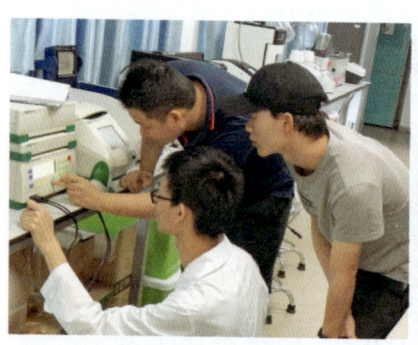

（1）降血压肽基因工程表达试验

（2）计算机药物设计

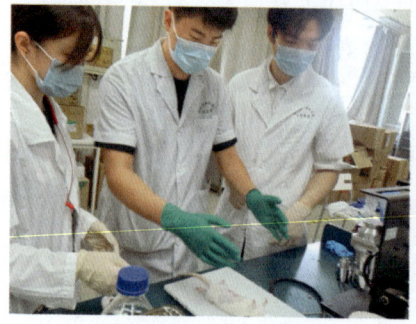

（3）降血压肽安全评价动物实验

（4）降血压肽药效动物实验

图5-1 "互联网+"大赛"靶向降血压肽"项目前期工作及后期完善实验

二、项目商业设计

"互联网+"大赛赛程包括校赛、省赛和国赛，实行晋级赛制。每个阶段的赛事要提交商业计划书、PPT和1分钟视频。"互联网+"大赛方案设计最基础性的工作是大赛的商业计划书，PPT和1分钟视频是根据商业计划书提炼而来的。商业计划书主要内容包括市场分析、产品介绍、营销推广策略、财务分析与融资计划、项目进程、风险控制、引领教育等。团队要完成商业计划书需要阅读大量文献、调研市场和企业、走访专业人士、数据分析、成立公司并设计公司组织结构及运行模式（图5-2）。团队采取分工协助的方法，技术组负责编写产品介绍及技术内容，市场组负责市场调查与分析，文案组负责其他部分及统稿。项

（1）走访晋百慧生物与于浩洋总经理合影留念

（2）与卫光生物技术人员探讨

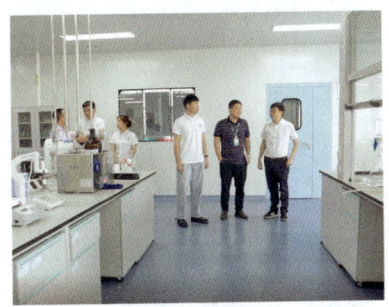

（3）走访健元医药

（4）走访未名新鹏生物医药进行项目汇演

图5-2 "互联网+"大赛中的市场和企业调研

目设计期间，队长每天组织网上开会，队员汇报工作进展。团队每周进行线下讨论，不断完善方案。大赛方案历经2个月，十余次讨论和修改，终于完成初稿，经过专家审阅后提出修改，然后形成校赛商业计划书，参加校赛决赛晋级省赛网评。在校赛方案的设计阶段，团队成员加班加点工作成为常态，学生的阅读、协助、沟通、数据分析等方面能力得到全面提升，培养了团结协助、吃苦耐劳的精神。

三 培训与交流

晋级省赛后，学校创新创业学院立足于培养学生的创新思维、创业意识和创新创业能力，将备赛与育人相结合，特别设立了"丽湖菁创营"，分四个阶段进行集中培训和拓展训练（图5-3）。以真实的双创项目为载体，以促进专创深度融合为核心，着力加强产业视角的专业教育，配以全面的领导力发展和系统的商

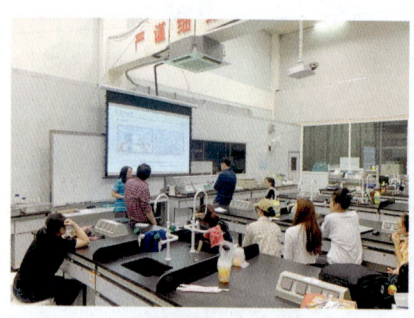
（1）实验室PPT内容讨论

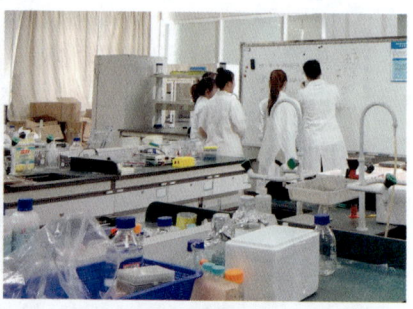
（2）实验室项目研究

（3）礼仪培训

（4）晨会的整理笔记

图5-3 "互联网+"大赛中的培训与交流

科教育（战略、组织、营销、运营、财务、知识产权等），使之成为实战型、轻量级的MBA教育形态。在此基础之上，邀请企业专家、技术专家、投资专家、双创教育专家、创业孵化专家对项目进行点评和指导，完善项目商业计划书和PPT。在综合素质培养方面，开展心理、礼仪和演讲等方面培训，让学生的综合素质得到全面提升。此外，团队积极参加广东省组织的创新创业大赛培训和交流会，虚心学习其他项目好的创意和做法。

"互联网+"大赛成效

一、学生的创新思维、创业意识得到明显提高

"互联网+"大学生创新创业大赛的赛程长、参赛队伍多、认可度高，被誉为国内创新创业第一大赛事。大赛评价标准从创新性、商业性、团队情况、带动就业和引领教育等四个维度来评价，这种比赛无疑对学生的创新创业能力是一个重大检验，本团队的项目最终问鼎国赛金奖，说明团队的创新创业能力得到高度认可。学生参加众多的商务知识培训，普遍感到创新创业能力得到锻炼，提升明显。

二、激发了学生主动学习、创新创业的潜质潜能

本次比赛历经校赛、省赛和国赛，时间长达163天，这种晋级式的比赛，让学生有目标、使命感及荣誉感，因而也激发了学生主动学习、创新创业的潜质潜能。在备赛过程中，学生要自己撰写商业计划书，制作PPT、1分钟视频，要完成这些任务，学生需要主动学习商务知识、开展市场调研、走访企业，虽然历经艰难，但每克服一个困难，他们的信心倍增，也逐步提升了他们主动学

习及创新创业的能力。

 个人意志得到磨练

意志与毅力的磨练贯穿于比赛的整个过程，在备赛过程中，任务繁重，加班加点是常态，有时通宵达旦地修改计划书，制作PPT，整理百问百答、编写讲稿，第二天又准备答辩，一起演练到深夜，但是大家没有放弃，比赛结束后，学生深感自己的意志力得到很好的锻炼。

 实践与社交能力得到锻炼

这次创业使学生从课本、互联网、实验室走了出来，不再是"纸上谈兵"，而是来到了机遇与挑战并存的现实社会之中。在这段时间内，小组成员走访了多家企业，与本康生物、健元多肽、天问、未名新鹏、信立泰等企业负责人进行多次交流，深度地了解行业现状，与此同时也得到了企业人士的鼓舞，支持将学术成果转化为产品。社会实践不仅让学生的思路和眼界变得更为开阔，还提高了学生的社交能力。

 团队组织协作能力得到明显的提高

备赛过程是一个漫长而艰巨的任务，中间还要穿插着实际的调研活动。商业计划书的撰写过程就是公司逐步成立的过程，在这个过程中，团队协作需要逐步磨合和协调。一方面，小组成员根据自己的知识背景及个人优势，负责自己熟知章节的撰写及相关资料收集，最后汇总；另一方面，大家又相互帮助，优势互补，参与其他章节的撰写与完善，反复讨论与修改。在每次的模拟答辩、正式答辩及实际调研中，也使小组成员的团队协作能力得到了锻炼。例如，在广东省教育厅组织的多次模拟答辩过程中，团队分工十分之明确，有负责录像的同学，有负责分析百问百答的同学，有负责记录专家评委的同学，各司其职，很大程度上提高了团队整体的运行效率。

第四节 "互联网+"大赛主要经验

一、理念引领，大赛牵引，激发学生的创新创业能动性

树立"激活潜能、主动探索、享受过程"的新理念，充分利用平台的技术、科研项目和成果优势，引导学生积极参加教师的科研项目，申报创新工程和创新创业训练项目，并在此基础上遴选项目团队参加"互联网+"大学生创新创业大赛等有影响力的创新创业赛事，激发学生创新思维，培养创新能力。在大赛备赛过程中，主要做法包括：①坚持项目创意来自学生——引导学生查阅文献、市场调研和小组讨论，培养主动探究和独立思考精神；②价值引导——项目选择关注人类健康、环境安全及社会可持续发展，体现项目的社会价值和市场前景；③注重社会实践——项目成员围绕项目深入企业、社会、革命老区调研，增强社会责任感和担当意识；④自主实施、攻坚克难——选择的项目有较高难度，完成时间跨度长，学生需要有韧性、有毅力，精益求精地完成各项任务；⑤跨界组队、强化交流——团队成员多样化，既有本专业学生，还吸纳工程、经济及计算机类专业学生参赛，项目组定期讨论，跨学院、跨学校开展交流。

二、将大赛资源转化成教学资源，在专业教学中融入创新元素

将中国国际"互联网+"大学生创新创业大赛的赛项任务转化为教学项目、赛项评价转化成为教学评价，形成良好的以赛促教、以赛促学机制。与生物产业的创新技术同频共振，及时更新专业人才培养标准，将华大基因等一流企业的最新工艺、技术和创新理念融入教材及教学内容中。专业教师将科研项目和成果转化成教学内容，开设创新型项目化课程，在专业教学中，引导学生创新思维，培养学生敢想、敢试和敢闯的精神。

三、进阶式备赛，注重备赛过程育人

在备赛过程中创立"基本技能训练→创新创业教育启蒙→学生广泛参与教师科研项目→申报创新创业项目→学生广泛参与'互联网+'创新创业大赛校赛→评选优质项目参加省赛和国赛"这一进阶式备赛模式。这一进阶式备赛模式要求从项目培育到参赛需要近两年的时间，而且学生参与度高，生物技术类专业学生2019—2021年的参与度为80%以上。此外，深圳职业技术学院创新创业学院推出独特的"丽湖菁创营"进一步推动备赛更为完整和体系化。整个"丽湖菁创营"分成4个阶段，从校赛后的启动持续到国赛结束，共140多天，围绕"领导力、专业力和创新力"开展人才培养，涉及课程模块及训练专题20多个，包括企业战略、企业经营、市场定位、团队组建、营销策略、公司财税、产业链管理、投融资等多项商科知识；也包括项目所在领域的产业研究、行业分析、专业深挖、核心技术、关键工程等。务求深度培养专创融合的跨界人才及产创融合的优质项目。在国决赛冲刺的最后一个月，"丽湖菁创营"更聚焦"人"的锻炼：从抗压心理建设，到增强团队凝聚力；从演讲口才训练到模拟赛事实战，全方位为团队冲刺国赛赋能。

第六章

创中有产：以产业需求引导创新创业教育

纵观全球创业教育的发展历程，其理念都经历了一个由狭义的创业教育到广谱式或全校性创业教育的转变过程，即从培养学生如何创办企业到以培养学生创新创业精神和能力为主的转变过程。比如美国是世界上最早实施创新创业教育的国家，但是美国早期的创新创业教育更倾向于以创办企业为导向的教育活动，旨在培养合格创业者，最大限度地为美国社会创造利益和价值。随后才慢慢将创新创业教育设置为通识教育，以培养学生的创新创业精神为主要目标。[1]我国的创新创业教育也同样经历了这样一个转变过程，由以自主创业为导向的传统创业教育模式转变为全面培养学生"双创"意识、"双创"思维、"双创"精神和"双创"能力的教育模式。目前，全球普遍认为，创新创业教育已经不再局限于教会学生如何创办企业，培养学生的创业思维、创业意识以及创业精神成为当前全球创新创业教育发展的主要理念。[2]为此，1985年，美国学者Pinchot在其《创新者与企业革命》一书中，提出了内创业理论。该理论把内创业者定义为"能够在现行公司体制内，发挥创业精神和革新能力，敢冒风险来促成公司新事物的产生，从而使公司获得利益的管理者。"[3]

事实上，如前所述，随着新一轮科技革命和产业变革带来的重大机遇和挑战，以数字经济、人工智能、移动互联网、纳米技术、现代生物技术等为代表的前沿技术飞速发展。经济发展方式已经由要素投入驱动为主逐步转变为以创新驱动为主，不仅需要能够创办新企业的创业型人才，而且需要大批具有创新创业精神和能力的创新创业型人才，推动企业内部的创新和业务的拓展。就现代生物技术产业来说，生物医药产业技术含量高，技术更新迭代快，作为典型技术密集型行业，具备复合专业知识结构和研发应用能力的高素质高层次人才才是核心资源，对创新创业型人才的需求十分迫切和旺盛。据《制造业人才发展规划指南》显示，预计到2025年需求将达到100万人，人才缺口达45万人。深圳市生物医药产业在专业人才集聚方面与北京、上海等地存在一定差距，制约产业发展。因

---

[1] 范昕俏. 国际创新创业教育研究现状及启示——基于Web of Science（2009—2018）文献的数据分析［J］. 技术经济与管理研究，2019（6）：37.
[2] 卓泽林. 美国高校全校性创业教育实证研究［M］. 北京. 中国社会科学出版社，2019：3.
[3] 黄兆信，陈赞安，曾尔雷，等. 内创业者及其特质对我国高校创业教育的启示［J］. 高等教育研究，2011（9）：86.

此，作为生物技术专业，要培养适应现代生物技术产业发展需要的人才，不仅要加强学生生物技术专业教育，还要培养学生创新创业精神、意识和能力。为此，近年来，我校加大了专业人才培养模式改革，把创新创业教育贯穿专业人才培养的全过程，积极推进生物技术类人才创新创业能力的培养。具体来说，就是以研发项目为主线，以学生自主创新为驱动，实现"产""学""研""赛""创"五个方面环环相扣，融为一体，循环发展，形成"产学研赛创合一"创新创业型人才培养模式，为深圳生物技术产业的发展培养了大批一线高素质创新型技术人才，受到相关行业企业的高度肯定和欢迎，实现了创新创业教育源于产业，服务产业，实现了"创中有产""创助于产"。

第一节　创新创业教育源于产业

一　以产业需求为引导是由创新创业教育的内涵和特点决定的

创新创业教育是以培养学生"双创"意识、"双创"思维、"双创"精神和"双创"能力等素质为核心的教育活动，它具有如下几个鲜明的特点。

一是情景性。创新创业知识（包括技术、管理等知识）只有在具体的市场、产业情境中才能产生价值和意义，学科、专业只有基于产业场景才能产生具有具体意义的创新创业知识。[1] 同样，创新创业教育也离不开具体情景的模拟，没有体验就不会有对创新创业过程的体验。学生只有置身于具体的市场和产业环境中，才能真正理解创新创业知识，培养创新创业意识和精神，提升创新创业的能力。因此，创新创业教育必须在校内建立具有真实市场和产业情景的实践平台，

1　成家超. "学科-专业-产业链"视角下高校创新创业教育的内涵、困境与出路［J］. 教育观察，2020（14）：86.

让学生进行真实的创新创业实践训练；要依托与产业相关企业的广泛参与，要让学生走出课堂，走出校门，走向企业，进行真实的企业生产与管理的体验。

二是实践性。创新创业教育是一种具有很强实践性的教育模式。创新创业知识绝大多数属于隐性知识和默会知识，只有通过参与、体验等方式才能习得；而创新创业能力的提升则更离不开创新创业实践的训练，创新创业意识和精神的培养也不是一个纯粹的理论学习问题，更多的是一个如何在创新创业实践中养成的问题，实践性是创新创业教育的一个重要特点。作为职业院校来说，突出学生实践能力培养既是高职院校人才培养的重要特色，也是培养学生创新创业能力的重要途径。因此，在高职院校创新创业教育中，要充分利用职业教育的实践性特点，加强创新创业实践平台建设，强化学生创新创业实践训练和实战演练。

三是时代性。创新创业具有十分鲜明的时代特征，创业热点也往往与国家以及区域产业发展趋势高度相关。契合产业发展需要的创业项目，能够伴随产业规模扩大而成长，显然可以获得更高的成功率和更强的发展后劲。[1] 同时，不同的时代对创新创业型人才的知识结构、能力素质也有不同的要求，比如，我们现在处于一个互联网时代，在这样一个时代，互联网无处不在，可以说渗透到社会的每一个毛孔，改变了每一个人的工作方式、学习方式和生活方式；在这样一个时代，要培养学生的创新创业精神和能力，至少要让学生学会和掌握开放思维、多元思维、跨界思维、共享思维、用户思维、大数据思维等互联网思维方法，这在互联网盛行以前是不可能有这样的要求的。因此，创新创业教育也必须紧跟时代和产业发展的步伐，让学生了解和掌握产业的最新发展动向和发展趋势，掌握时代最新科技知识和发展信息。

四是跨学科、跨专业性。创业是一个非常复杂的系统工程，而且是一种具有高风险和高难度且专业性较强的活动，不仅要求创业者具有广博的专业知识和创新的思维方式，而且还要具备把这些知识付诸实践的创新能力，更要有应对创业过程所面临风险时的综合素质。因此，创新创业教育不是某一个学科或专业教育就可以解决问题的，具有明显的跨学科、跨专业特点。事实上，创新创业教育至

---

1 邓岩，陈燕娟. 产业导向型大学生创业教育体系研究［J］. 科技创业, 2018（5）: 29.

今没有明晰的学科专业划分，从不同视角看与经济学、管理学、社会学、心理学甚至哲学都有关联，与几乎所有的专业都有密切联系。那么如何适应创新创业教育这种特点？关键还是要密切跟产业和企业的联系，根据不同产业和行业对人才创新创业素质的需求，建设跨学科、跨专业的创新创业课程体系和培养模式。而高职院校现有的严格按专业教学计划培养人才、把学生固定在某一个专业学习的培养方式已经不适应时代的需求，也不利于培养学生的跨专业学习能力。因此，就必须打破高职院校现有的学院、专业壁垒，建立跨学院、跨专业的学习中心，给学生一定的跨学院、跨专业选课的自由，为学生的跨专业学习创造条件。[1]

创新创业教育的上述特点，决定高职院校创新创业教育必须紧跟产业发展方向，密切与产业的联系，加强与行业企业的合作，通过各种途径吸引行业企业广泛参与学校的创新创业教育。

  以产业需求为引导也是现代产业发展的需要

以产业需求引导创新创业教育，不仅是高校创新创业教育的内在要求，也是现代产业发展的需要。随着新一轮科技革命和产业变革带来的重大机遇和挑战，以数字经济、人工智能、移动互联网、纳米技术、现代生物技术等为代表的前沿技术飞速发展，导致现代产业转型升级的加速发展和经济发展方式的转变，创新驱动取代要素投入驱动不仅成为经济发展的新方向，也成为产业升级转型的新动力。而要实现创新驱动不仅要求新型的生产方式与之相匹配，更需要新型生产者与之相适应，需要与产业转型升级相适应的创新创业型人才作支撑。这就需要高校立足产业发展需要，加大创新创业型人才培养力度，通过创新创业型人才来推动产业升级，促进经济发展。比如生物技术是国家战略新兴产业，也是深圳市重点发展的高新技术产业和粤港澳大湾区新支柱产业，具有研发及产业化周期长、

---

1 谭丽溪. 从"互联网+大赛"看高职院校创新创业教育改革——以深圳职业技术学院为例[J]. 淮南职业技术学院学报，2020（4）：26.

技术迭代快、对人才实验技术技能和创新能力要求高等特征，迫切需要能够应对产业挑战的高素质创新型技术技能人才。

然而，从目前来看，我国高校创新创业教育与产业的结合方面还存在不少问题，主要表现在，一是学校创新创业教育与产业发展需求严重脱节，高校创新创业教育与企业、政府、行业等校外组织、机构的互动以沟通层面为主，仍然存在着一定程度的相互割裂，致使高校创新创业教育完全闭门造车，脱离产业发展需求；[1]二是产教融合、校企合作的机制不健全，校企合作往往依赖于教师个人的社会关系，缺乏可持续性；三是缺乏具备真实生产能力的创新创业教育实践训练平台；四是校企合作不深入，行业、企业对高校创新创业教育参与深度与广度都明显不够。这些都严重影响高校创新创业教育水平的提高和健康可持续发展。我们探索"产学研赛创合一"模式，以生物技术产业需求为引导，开展生物技术专业创新创业教育改革，就是试图改革上述问题，以培养适应深圳生物产业技术发展需要的创新创业型人才。

第二节　以产业需求引导创新创业教育的具体做法

一　深化专业课程教学改革，紧跟产业技术前沿

课程是创新创业教育最基本的载体，是实现创新创业教育全面和个性化发展的重要支柱，也是创新创业教育生态体系建设的重要内容。所以，以产业需求引导创新创业教育，首先就要深化专业课程教学改革，确保专业课程教学能够紧跟产业技术发展最前沿，让学生了解和掌握专业对应产业最新技术，反映产业发展

---

[1] 成家超．"学科-专业-产业链"视角下高校创新创业教育的内涵、困境与出路[J]．教育观察，2020（14）：87．

对人才素质的最新要求。只有让学生了解和掌握产业最前沿的技术，才能激发学生的创新创业意识，培养学生的创新创业精神和能力，才能让学生开展真正有实际意义和价值的创新创业活动。为此，我们与华大基因等产业龙头企业合作，共同制定专业标准和人才培养方案，共同开发专业课程。比如我们开设的趣味基因测序课程，就把华大基因先进的测序技术引入课堂。我们还与华大基因合作共建了"基因操作技术"项目化课程，合作开发了"基因检测"职业资格证书。我们和深圳市海普瑞药业集团股份有限公司合作共建特色产业学院——深圳职业技术学院海普瑞生物医药学院，其中一项重要的合作内容就是共同开发专业课程标准，将产业和行业新技术、新工艺、新规范纳入相应课程，共同打造高职特色"金课"，共同开发项目化课程、实训课程、高端职业等级证书培训包课程、技能大赛课程、虚拟仿真课程等。这些都对专业学生创新创业能力的培养打下了十分重要的基础；也在部分专业学生心中种下了创新创业的种子，只要有机会就会生根发芽、开花结果。

把创新创业教育融入专业课程，实施专创融合教育

专创融合是大学生创新创业教育的发展趋势和必然要求，也是世界发达国家创新创业教育取得成功的一条重要经验。为此，我们在学校开设创新思维、创业基础、创新型项目化课程、创新工程、创新创业项目等创新创业专门课程群的基础上，积极探索专创融合模式。根据生物技术类专业建设的现实需要，将创新创业教育融入专业标准、课程标准、课堂教学和实践教学中，推行启发式、讨论式、案例式和研究型教学方法，促进专业教育与创新创业教育的有机融合。以微生物检测课程为例，首先在意识上，教师引导学生要"敢想"。在严格遵从国标要求的同时，不能用僵化的思想去看待标准。在熟练规范学生操作技术练习实践的同时，示范引导学生在操作实践中观察细节，查阅资料，总结检测实施中的疑点难点，针对所发现的问题各小组进行讨论并搜索资料，进一步大胆设想，提出创新点。其次在行动上，鼓励学生要"敢试"。引导学生查阅研究市场最新检测设备设施，特别是快检产品，研究学习这些产品的原理，启发学生对快检产品检

测操作细节、操作工具的创新等实施技术路线，帮助学生寻找各种材料来试验，创造条件付诸实践。最后开展课后拓展探究，鼓励学生"敢闯"，积极申报创新项目或专利项目。课程结束前，每组的学生都上台对各组的创新点专门做一个展示讲解，接受其他各组同学的质疑询问和评价，参与"金点子"评选。对评分高且有价值的"金点子"，我们鼓励课后继续探究，申报学校各类创新和专利项目，承诺有条件地提供经费支持，极大地激发了学生创新创业的兴趣，增强了他们对创新创业的信心。

 建设高水平的创新创业实践平台

为了能够协同培养学生的创新创业能力，建设可持续发展的专业创新创业能力培养实践基地，解决学生校内创新创业实践训练平台不足的矛盾，我们将中央职业教育实训基地打造成国内一流校内"产学研创赛合一"平台。生物应用技术中央职业教育实训基地于2005年获批立项，其功能之一是培养生物产业创新型应用技术技能人才，下设生物技术基本技能实训中心、专业技能实训中心和发酵精制检测深圳市重点实验室。随着生物产业快速发展，为对接深圳市生物产业升级，我们又相继建立了国家荔枝龙眼产业技术体系深圳市综合试验站、深圳市大规模细胞培养技术和细胞资源库公共服务平台、深圳市生化检测公共服务平台3个研发中心以及校级海洋生物医药研究院，成为一个融合实践教学、研发和技术服务于一体的综合基地。这些平台共同特点是融入了企业元素，例如，中央职业教育实训基地配备了多位企业指导老师，生化检测平台按照企业模式运行，申请了实验室资质认定（CMA）、对外承接样品和进行技术服务。各类研发平台均对企业开放，为企业提供技术服务，企业也可以带项目来学校从事研发，目前有近30家企业来平台开展科研项目。中央职业教育实训基地下属的各类研发和技术服务平台均对学生开放，学生参与老师的科研项目和对外技术服务，学生的创新创业活动均在这些平台上进行。平台不仅提供了技术支撑，还让学生有机会接触企业的新技术、新工艺和对产业和市场的深入了解，成为学生开展创新创业活动的重要实践平台。

四 建设特色产业学院——深圳职业技术学院海普瑞生物医药学院

产业学院是产教融合的一种新兴形态，是校企协同育人模式的新发展，也是促进教育链、人才链、产业链和创新链有机结合的重要平台。[1]为此，2021年深圳职业技术学院与深圳市海普瑞药业集团股份有限公司合作共建特色产业学院——深圳职业技术学院海普瑞生物医药学院。

深圳市海普瑞药业集团股份有限公司（以下简称"海普瑞"）于1998年在中国深圳创建，2010年在深交所上市，2020年在港交所上市。经过二十多年发展，海普瑞已经成为深圳乃至全国生物医药产业的龙头企业，2020年总营收53亿元。在过去的十年里，海普瑞已逐渐成为以肝素全产业链为主，多个稳定增长的现金流业务为基础，拥有数十个First-in-Class创新药管线布局品种，20余家子公司遍布北美、欧洲，以创新引领的跨国运营国际制药企业。通过与海普瑞共同建设特色产业学院，专业与企业双方共同开展党建、共同建设高水平专业、共同开发课程标准、共同建设"双师型"教师队伍、共同建设全球领先的生物医药生产性实训中心、共同开展生物医药新药研发、共同开展社会服务、共同开展创新创业教育等，专业与企业开展全方位、深入的合作，形成命运共同体和互利互惠的长效合作机制，从而为我校培养生物医药技术高素质创新型人才提供了坚强的保障，也为高职院校创新创业教育的发展开辟了一条新路径。

目前，双方携手建立的"深圳职业技术学院海普瑞生物医药研究院"已经挂牌成立，目标是聚焦生物医药前沿和关键领域，不断拓宽合作边界，致力于提高创新药物的研发、生产能力。生物医药研究院将共同申报科技项目、开展联合攻关，为海普瑞药业、深圳乃至粤港澳大湾区生物医药企业提供新药研发、产品试制和成果转化服务，力争建成具有辐射引领作用的高水平新药研发基地和工程转化基地。研究院研究方向涵盖药物新靶点发现、天然活性成分挖掘、药物先导化

---

[1] 曾广志，赵小峰. 产业学院背景下创新创业教育研究［J］. 科技视界，2019（34）：71-72.

合物化学和生物学合成、药效活性筛选、多组学分析、药代动力学、制药关键技术及药物评价等方面，基本覆盖了药物研发创新链全链条。

共建的"聚焦国际生物医药先进技术打造深职-海普瑞生物医药粤港澳大湾区生产性实训中心"获部省共建项目资助，获批9100万建设经费。双方将共建全球领先涵盖微生物发酵、动物细胞大规模培养、分离纯化和制剂等技术技能的生物医药生产性实训中心，为深圳乃至粤港澳大湾区生物医药产业技能人才培养、培训及产品试制和创新创业提供实训、实践平台，力争建成具有辐射引领作用的高水平专业化产教融合实训基地、国际中试服务基地和产品工程转化基地。

共建的"双师型"教师培养培训基地建设已获得学校立项，建设期三年，每年资助60万。双方将通过校企共建"双师型"教师培养培训基地，双方共同制定教师招聘标准、新教师培养标准、专业负责人选拔标准、兼职教师遴选标准，建立适合学科发展需求的"双师型"教师认定标准和培养方案，同时联合组建高水平、结构化教学创新团队。

共建的"生物医药产教联盟"和"生物医药产业大数据"平台已获学校经费支持200万元。依托海普瑞特色产业学院，拟将携手坪山生物医药产业基地和深圳市生物医药行业协会，积极推进产教联盟建设，努力打造国内生物医药职业教育校企合作的典范，以更宽广的视野和胸怀，与区域行业共同致力于提高创新药物的研发、生产能力，促进教育链、人才链、产业链、创新链的有机衔接，实现生物医药领域以企业为主体、产学研相结合的科研和产业化体系，打造国内生物医药领域职业教育校企合作的标杆。同时，在大数据时代的背景下，共建开展医药大数据建设与行业服务平台的建设，以市场需求为导向，以科研创新为动力，瞄准生物医药前沿与关键领域，整合学科专业数据和资源信息，利用数智赋能技术，为药物研发、资源共享、人才培养等提供一站式的信息解决方案，有助于生物医药领域"互联网+"大数据信息平台生态持续向好发展。

五　在创新研究中对接产业需求

创新研究是高校的重要任务之一，既是提高教师教学水平的重要手段，也是专业服务地方社会经济发展的重要途径，同时，还是专业开展创新创业教育的基础。在某种程度上可以说，没有高水平的创新研究，专业的创新创业教育就成为无源之水、无本之木，就不可能有专业创新创业教育的健康可持续发展。但是，作为以培养一线应用型技术人才为主要目标的高职院校，科研工作应该如何定位？应该如何正确处理教学、科研与社会服务之间的关系？科研的重点应该在哪里？这是高职院校开展科研工作应该首先解决的问题。根据高职院校的办学任务和办学特点，笔者认为，高职院校科研工作应该以应用技术研发为主，科研的主战场应该面向企业生产实际，应该把对接产业需求、解决企业和行业发展面临的技术和管理问题作为学校科研的主攻方向，把科研为教学和地方社会经济发展服务作为科研的主要目标，这样才能形成高职院校科研工作的特色，发挥高职院校创新研究的应有作用。对于科技创新工作，习近平总书记曾经指出："创新要实，更多靠产业化的创新来培育和形成新的增长点。""要坚持产业化导向，消除科技创新中的'孤岛现象'，必须围绕产业链部署创新链"。习近平总书记这一重要论断，对高职院校科技创新工作也同样具有十分重要的指导意义。对此，深圳职业技术学院有着十分清醒的认识，坚持"产学研用"一体化的科研导向，重视技术转移和科技成果转化。近年来，学校不断深化科研体制机制改革，大力加强与政府职能部门以及行业企业合作，抢抓产业发展新机遇，服务地方经济社会和中小企业发展，初步形成教学、科研、创新创业教育和服务地方经济发展相互促进的良性循环。根据学校科研工作的定位，生物技术专业在创新研究方面的主要做法如下。

（一）坚持应用技术研发为专业科研主方向

生物技术是一门多学科、综合性的科学技术，具有注重实际应用、技术手段先进、技术迭代快、理论基础多样化等特点。作为以这样一个学科为背景的生物应用技术专业，如果不开展专业应用技术研究，很容易落后于产业技术的发展，不仅教师个人的专业水平和教学水平无法得到提升，专业的教学也会与产业生产实际脱节，专业人才培养也会与产业对人才素质的需求脱节。因此，从学校生物技术专业成立之日起，我们就把加强应用技术研究作为专业发展的立足点和重要抓手，坚持把应用技术研究作为专业科研的主攻方向。我们始终坚持科研面向产业，密切与行业、企业的联系与合作，注重解决行业、企业技术难题。专业成立以来，我们不仅注重与企业联合进行科技攻关和横向课题研究，凡是与科研有关的工作，我们都始终把应用研发作为主攻方向，无论是科研激励措施、科研平台建设，还是申报国家、省、市纵向课题，我们都向技术应用研发方向倾斜。这一做法，既把握了生物技术创新研究的特点，也契合了职业教育突出应用性和服务地方经济发展的办学特色。这也是我校生物应用技术专业在应用技术研究方面能够一直保持全国同类院校领先地位，并能够探索形成"产学研赛创合一"的人才培养模式的重要基础和原因。

（二）对接深圳市生物产业链，彰显专业科研特色

现代生物技术产业是深圳市重点发展的支柱产业、战略新兴产业和未来产业。2019深圳国际生物技术大会公布的数据，深圳生物医药产业规模以年均20%的增速快速增长，已形成以靶向创新药物研发、生物检测、免疫治疗、合成生物学技术为基础的精准医疗研发机构和企业，涌现出华大基因、迈瑞医疗、微芯生物等一批国家级龙头企业和行业领军企业。《深圳国际食品谷发展规划2021—2035》中提出了基于营养科学、流行病学、生物信息学、遗传学和代谢组学等多组学多领域跨学科的交叉合作的精准营养发展方向。为应对深圳市生物产业的快速升级，深圳职业技术学院先后建立了深圳市大规模细胞培养技术和细胞资源库公共技术服务平台、深圳市生化分析检测公共服务平台、广东省农业科技创新中心、纳米医药研发国际科技合作基地、海洋生物医药研究院等省级、市级、校级研发和技术服务平台，各平台的研究内容围绕深圳市产业重点开展研究。如海洋生物医药主要从事海洋生物医药领域应用基础研究与关键技术研发，以海洋来源 I 类创新药研发作为长期目标。同时研究院以解决"产业技术研发需求"为导向，针对癌症等重大疾病，开展具有高附加值原料药和药物中间体的合成路线和工艺优化；针对药物传输、缓释与靶向，开发功能微球等材料技术。

近年来，生物应用技术专业师生紧随生物医药领域前沿技术，聚焦精准医疗和精准营养创新链和产业链中产品研发、关键技术开发等环节的关键问题开展科学研究，在对人、病、药、食深度理解的基础上逐步形成了精准医疗和精准营养领域的多组学分析、靶点药物发现、保健及特医食品研发，以及生物材料与诊断

技术开发的特色研究方向。2017—2021年，承担市级以上科研项目30项，其中国家自然科学基金3项，省部级项目5项，市厅级项目22项，经费达1817.12万元。团队积极与企业开展技术攻关和服务项目，承担横向项目28项，到账经费299.70万元。先后获中国农业科技奖一等奖1项、广东省科学技术奖一等奖2项、广东省农业技术推广奖一等奖1项、二等奖1项。2017—2021年发表核心以上论文88篇，其中SCI论文59篇，授权国际发明专利6项。承担和参与各类技术标准制定10项。

六 创新创业大赛与产业需求深度融合

开展创新创业大赛既是提高大学生创新创业实战能力的重要手段和环节，又是创新创业文化氛围营造的关键要素和重要途径之一。其目的是要"把大赛作为深化创新创业教育改革的重要抓手，引导各地高校主动服务国家战略和区域发展，积极开展教育教学改革探索，切实提高高校学生的创新精神、创业意识和创新能力"。如何服务国家战略和区域发展？关键就是要服务国家和地方产业发展战略。这就要求创新创业大赛无论是组织者还是参赛者都要主动与产业需求深度融合。从组织者的角度来说，大赛的主题、赛道的设置、组织形式与过程、评判的标准与形式等都要符合国家产业发展战略，要广泛吸引行业企业参与，使创新创业大赛能够紧跟产业发展的步伐，符合产业发展需求。对于组织参赛的高职院校和参赛学生来说，通过参加大赛的项目遴选、研发、备赛、参赛整个过程的磨练，要打通高校智力资源和企业发展需求，协同解决初创企业、成熟企业发展中所面临的技术、管理等现实问题。将创新创业教育实践与产业发展有机结合，通过大赛备赛促进学生了解产业发展状况，培养学生解决产业发展问题的能力。大赛产业赛道则鼓励各学院、各专业从校企合作资源积累、产业横向课题方向等角度出发，在理解企业需求、解决企业实际问题的前提下，有针对性地遴选参赛项目，组织学生参赛。同时，还要将参加大赛所积累的资源转化为创新创业教育的教学资源，将其运用到专业的创新创业教育和人才培养工作中。只有这样，才能达到"以赛促教、以赛促改、以赛促研、以赛促创、以赛促产"的目的，形成"产学研赛创合一"的人才培养模式。

近年来，我们在组织专业学生参加各类创新创业大赛过程中，始终秉持学校"以创新引领创业"，面向世界科技前沿和深圳未来产业发展需求，加强战略性新兴产业和未来产业的技术攻关，增强创新创业教育在综合创新生态体系中的引擎作用，支撑深圳国际科技产业创新中心建设的要求，打造具有生物技术专业特色的创新社团，经常组织学生去深圳生物技术相关企业调研；依托教师科研课题，建设创新型项目化课程，组织学生参与教师的课题研究和技术研发；聘请企业导师参与创新创业大赛的指导，比如中央职业教育实训基地就配备了48位企业指导老师，华大基因副总裁、人事总裁李治平，未名新鹏生物技术有限公司研发部经理张永华，本康生物技术有限公司董事长余浩也曾作为我们的顾问团队参与指导2019年专业学生参加的第六届中国国际"互联网+"大学生创新创业大赛；不断深化产教融合、校企合作专业人才培养模式改革等途径，确保我们参加创新创业大赛的项目能够与深圳生物技术产业深度融合。尤其是在项目训练和备赛过程中，我们重新定义师生角色，确立学生成为生物技术课题和参与创新创业大赛的主人，树立"激活潜能、主动探索、享受过程"的新理念。具体做法如下：一是项目创意必须来自学生：学生可以依托老师的科研项目，但不能照抄项目思路，必须在原有的基础提出新的创意；二是价值引导：项目要关注人类健康、环境安全及社会可持续发展，要体现社会价值和市场前景；三是注重社会实践：项目成员去企业和社区调研时间不低于1周；四是跨界组队：团队成员多样化，团队成员既有本专业学生，还吸纳工程、经济及计算机类专业学生参赛；五是强化交流：项目组定期讨论，并鼓励跨学院、跨学校开展交流。这些做法极大地调动了学生的积极性和主动性，并形成了良好的专业创新文化。2019—2021年，我们共开设创新型项目化课程8门，学生参加创新创业训练计划项目50项，生物技术类专业学生100%参加"互联网+"大学生创新创业大赛或国际大学生基因工程机器大赛。我们参赛的项目也全都来自专业师生的科研成果转化项目或技术创新项目。

学生参加这种产业深度融合的创新创业大赛，对学生的创新创业能力提升的效果是非常明显的，同时也是对我们专业创新创业教育和人才培养成效的一种重要检验方式。2019—2021年，学生获国际大学生基因工程机器大赛金牌2枚；

获"互联网+"大学生创新创业大赛国赛金牌1枚、广东省金牌2枚、银牌1枚。此外，获全国高职院校"发明杯"大学生专利创新大赛金奖2枚，银奖1枚、铜奖1枚。

第三节 创中有产，创助于产业成效

一、带动应用技术研发，创新研究助力企业发展

学校具有学科专业种类齐全、研究力量强、研发设备场地充足、时间精力投入多等优势，企业具有技术设备先进、了解自身需求等优势，校企合作开展技术研发可以扬长避短，发挥各自的研发优势，激发科研的活力。近年来，专业在科研方面加强了与企业的合作，取得了显著成果。与企业合作成果获得中国农业科技奖一等奖1项、广东省科学技术奖一等奖2项、广东省农业技术推广奖一等奖1项。与深圳绿雪生物科技有限公司签署了产学研合作协议，合作申报深圳市基础研究项目1项，项目经费30万，承担合作企业的横向项目3项，经费总额80万。为绿雪筛选到了γ-氨基丁酸（GABA）高产菌种，并且通过动物试验证实了安全性，已经纳入了该公司规划备用项目库。师生共同参与，与华讯方舟旗下的太赫兹科技研究院深入合作开展新型检测技术的应用研究，2018年开始合作以来，共同成功申报纵向项目2项，其中1项为国家自然科学基金项目，共同发表论文7篇，其中SCI 2篇，中文核心5篇；共同申报专利4项，其中2项发明，2项实用新型。与深圳计量研究院和深圳海关共同研制10项行业标准。

在与企业合作开展科技研发过程中，也逐步形成了一支具有较高创新能力的高水平教师团队。目前专业共有专职教师20人，45岁以下人员占比45%，90%具有博士学位，90%具有副高以上职称，双师素质比例85%。学科点负责人为广东省高职院校珠江学者特聘教授，担任全国食品产业职业教育教学指导委员会副主任委员，深圳市高层次人才。团队拥有广东省高等学校"千百十人才培养工程"省级培养对象1人，南粤优秀教师1名，深圳市鹏城学者1人，深圳市高层次地方领军人才3人，"全国高校黄大年式教师团队"成员3人，广东省科研创新团队1个。团队成员均有指导/协助指导过研究生和博士后科研人员经历。聘请行业企业兼职教师共15人，100%具备硕士以上学位，85%具有博士学位，100%具有副高及以上职称。

 学生创新能力得到提升，成长为企业生力军

如前所说，创新研究是创新创业教育的基础。只有建立在科技创新基础上的师生创业才能走得长远，真正在市场经济大潮中站稳脚跟。只有把科技创新的过程和成果转化为创新创业教育资源，才能真正实现专业教育与创新创业教育的有机融合，才能激发创新创业教育活力，才能提升创新创业教育的水平。为此，近年来，我们十分注重把师生的创新研究与创新创业教育紧密结合起来。一是把教师的科研项目和科技研发成果转化为创新型项目课程，让学生始终紧跟生物科技发展前沿，了解最新生物技术，受到教师科技创新精神的熏陶和科技创新方法的指导。二是让学生参与教师的创新研究，在创新研究实践中培养学生的创新创业能力。三是在学生参加各类创新创业大赛和创业活动中，鼓励学生将专业师生的科技研发成果进行产业化，将科技研发成果转化成创业项目进行创业或变成创业项目参加各类创新创业大赛，通过创业活动和参赛活动培养学生创新创业能力。实践证明，这种把创新研究与创新创业教育有机结合的做法，对培养学生创新创业能力的成效是十分显著的。这点从近年来专业学生几乎100%参加各类创新创业大赛并取得优异成绩，从学生取得的专利数量、毕业生的创业率及企业对专业毕业生素质的高度评价中可以反映出来。2018—2021年生物技术类专业学生申请专利16项，其中发明专利6项，获专利授权6项（表6-1）。

表6-1 2018—2021年生物技术类专业学生申请专利一览表

序号	专利名称（专利号）	发明人	专利类型	专利状态
1	一种薄荷纳米胶囊的制备方法（201811520467.3）	吴卫佳、陈宇轩、杨剑	发明专利	实审
2	一种虾青素微胶囊的制备方法（201811520462.0）	刘佳全、杨剑	发明专利	实审
3	一种抗菌复合聚乙烯醇纤维及其制备方法（202010200387.0）	苏璐、赖嘉敏、张翊、崔淑芬、冼依雯、陈洁瑜、彭龙吟	发明专利	实审
4	一种液体口罩贴及其制备方法和应用（202010168702.6）	张翊、崔淑芬、苏璐、陈洁瑜	发明专利	实审
5	一种印楝素超低容量液剂及其制备方法（201811371665.8）	崔淑芬、王金林、翁盼伟、卢乔墩	发明专利	实审
6	微波冻干过程中水分含量的在线监测方法及微波冻干设备（201811647629.X）	黄略略、李彬、潘奕、李辰、刘妙玲、邱浩榆	发明专利	实审
7	微波冻干设备（201822279117.4）	黄略略、李彬、潘奕、李辰、刘妙玲、邱浩榆	实用新型	授权
8	一种呼吸道传染病用防护口罩（202020206055.9）	苏璐、魏燕琴、冼依雯、崔淑芬、赖嘉敏、金刚、陈洁瑜、彭龙吟	实用新型	授权
9	一种N95口罩（202020232269.3）	苏璐、冼依雯、赖嘉敏、崔淑芬、魏燕琴、王金林、余小雁	实用新型	授权
10	一种防脱落医用防护口罩（202020247309.1）	冼依雯、苏璐、崔淑芬、魏燕琴、陈永丽、彭龙吟、陈洁瑜、陈淑婷	实用新型	授权
11	一种基于药物储存和微针的集成性透皮给药装置 201821313408.4	曾柳婵、冼依雯、张翊、陈永丽、崔淑芬、王金林	实用新型	授权
12	一种激光器与实验孔板校准的普适性装置（201821309637.9）	李东宏、王子立、冼依雯、张翊、陈永丽、崔淑芬、王金林	实用新型	授权

续表

序号	专利名称（专利号）	发明人	专利类型	专利状态
13	一种金属孵育装置（202120461028.0）	唐勇军、张丽君、吴卫佳、杨东、林瑞鑫	实用新型	受理
14	一种小型微生物培养装置（202120461056.2）	唐勇军、张丽君、刘小龙、杨东、朱理圳	实用新型	受理
15	金属孵育装置（202130116924.9）	唐勇军、张丽君、杨东、梁烨彤	外观设计	受理
16	小型微生物培养装置（202130117090.3）	唐勇军、张丽君、杨东、周建桦、梁烨彤	外观设计	受理

麦可思公司调查数据显示深圳职业技术学院生物技术类专业（2016—2020届）平均就业率97%、月收入5628元、专业相关度75.3%（图6-1）。全国示范职业院校同类专业分别为平均就业率94%、月收入4075元、专业相关度61%，毕业生的创新能力和综合素质受到了用人单位高度评价。此外，调查发现本校2016—2018届生物技术专业创业率为7%（表6-2）。

专业编码	专业名称	本校			全国示范校同专业		
		就业率（%）					
		2016届	2017届	2018届	2016届	2017届	2018届
		100	100	91	94	95	93
530101	生物技术及应用	月收入（元）					
		2016届	2017届	2018届	2016届	2017届	2018届
		4662	5637	5505	4300	3870	4054
		专业相关度（%）					
		2016届	2017届	2018届	2016届	2017届	2018届
		73	83	70	61	57	61

图6-1 麦可思公司调查数据

表6-2　学生自主创业一览表

序号	姓名	年级	创业公司名称
1	张婷	2013级	深圳市喻优科技有限公司
2	郭多多	2013级	深圳市伊梵娜创新服务有限公司
3	黄晓琳	2014级	深圳市睿星企业咨询管理有限公司
4	童创	2015级	深圳市伙伴信息传媒有限公司
5	陈思远	2015级	深圳市伙伴信息传媒有限公司
6	林晓胜	2015级	六十一度（深圳）科技文化有限公司
7	付振均	2015级	深圳红线跳动文化传播有限公司
8	喻思尧	2015级	深圳市宝安区沙井茗芳阁饮品店
9	罗龙威	2016级	深圳市君兴悦科技有限公司

用人单位普遍反映，我们专业的毕业生专业素质高、有良好的创新意识和操作动手能力。不少毕业生毕业不久就因表现出色成为企业的业务骨干或技术带头人。例如，2016届毕业生邓秋婷同学到华大基因工作期间在职攻读中国科学院大学研究生，并作为课题组长带领2名中国科学院大学研究生从事胚胎发育基因表达控制机制研究，发表多篇SCI论文并申请发明专利，受到部门领导的称赞；2012届毕业生肖丽萍同学在华大基因多个岗位工作，现任华大咖啡销售部经理，负责华人基因检测自取试剂方面的销售，积极开拓市场，在她的带领下，业务量迅速上升，并建立了良好的品牌；2004届毕业生龙粤同学，在凯杰生物工程（深圳）有限公司工作，凭借过硬的专业素养、良好的组织沟通能力，从基层岗位逐步成长为质量检测部经理；2011届的吴凯兰同学，毕业后一直在凯杰生物工作，认真钻研GMP厂房的工艺用水及环境监控，现已成为GMP厂房验证方面的专家；2013届的伍雪梅同学，工作认真仔细，是凯杰生物HPV产品检测的专家；2016届毕业生叶庆妮同学，去广东菲鹏生物有限公司工作后，凭借其扎实的专业基础、良好的创新意识和组织能力，成为该公司重组蛋白研发小组负责人；2017届的林玉琼同学是菲鹏生物分子诊断部冻干平台负责人，主要负责冻干产品的研发工作（图6-2）。

图6-2 部分用人单位对本专业毕业生的高度评价

第七章

专创融合：围绕创新技术能力深化专业改革

所谓专创融合就是把创新创业教育有机地融入专业教育中,有意识地激发学生的创新创业潜质潜能,让学生掌握专业技术知识和技能的同时,培养学生的创新创业意识和精神,提升学生的创新创业能力,从而实现培养具有创新创业精神、符合人力资本市场需求的高素质应用技术技能人才的目标。落实专创融合,把创新创业教育有机地融入高职院校专业教育中,已经成为新时代高职院校创新型专业技术人才培养的必然要求。

从科技与产业发展需求来看,当今时代,以数字经济、人工智能、移动互联网、纳米技术、现代生物技术等为代表的前沿技术飞速发展,导致现代产业转型升级的加速发展和经济发展方式的转变,创新驱动取代要素投入驱动不仅成为世界经济发展的新方向,也成为产业升级转型的新动力。现代科技的飞速发展与产业的转型升级,迫切要求具有创新创业精神和能力,能够适应创新驱动和产业转型升级需要的高素质技术技能人才作支撑,尤其是对人才的创新创业意识和精神、创新创业能力提出了更高的要求。《中华人民共和国国民经济和社会发展第十四个五年规划和2035年远景目标纲要》明确提出,要增强职业技术教育适应性,服务经济社会高质量发展。这里所说的适应性,在很大程度上就是职业教育应该适应创新驱动的需要,培养大批具有创新创业精神和能力的高素质技术技能人才,以适应现代产业发展需要。这就要求我们在专业人才培养过程中,需要增强对不断变化的外部环境的反应,培养目标、课程体系、教学方式、评价方式也需要通过变革以适应创新驱动对创新创业型人才的需求。[1] 必须把创新创业教育有机地融入专业教育中,实现专业教育与创新创业教育的深度融合。

从创业教育发展趋势来看,从1947年美国哈佛大学开展创业教育到现在,创业教育已经由最初的教会学生如何创办企业,逐步转化为以培养学生创业精神、创业意识和创业能力为主的素质教育;从教育对象来说,也由最初局限于面向商学院的学生,逐步扩展到其他学院,形成全校性开展创业教育的局面。我国创业教育虽然开始较晚,一般将清华大学在1998年引入美国麻省理工学院创业竞赛模

---

[1] 黄兆信. 论高校创业教育转型发展的几个核心问题 [J]. 兰州大学学报(社会科学版),2014(6):148.

式，并成功举办国内第一届大学生创业计划大赛作为中国高校创新创业教育的兴起的标志。[1] 但是我国是把创新与创业紧密联系在一起，统称创新创业教育，而且一开始就把创新创业教育定位为"广谱式"创新创业教育，是以全体学生为教育对象的。2010年教育部《关于大力推进高等学校创新创业教育和大学生自主创业工作的意见》明确提出创新创业教育是"适应经济社会和国家战略发展需要而产生的一种教育理念和模式""在高等学校开展创新创业教育，积极鼓励高校学生自主创业，是教育系统深入学习实践科学发展观，服务于创新型国家建设的重大战略举措；是深化高等教育教学改革，培养学生创新精神和实践能力的重要途径；是落实以创业带动就业，促进高校毕业生充分就业的重要举措。"[2] 其中明确表明，中国高校的创新创业教育是面向全体学生的，创新创业教育不仅是鼓励学生自主创业，而且重点是要培养学生创新精神和实践能力。这就意味着，不论是西方发达国家还是中国，"广谱式"创新创业教育已经成为全球创新创业教育发展的趋势，创新创业教育与专业教育之间的融合已经成为大学生创新创业教育的必然要求，也是美国、英国、新加坡等发达国家创新创业教育取得成功的一条重要经验。

从创业的角度来看，虽然至今对创业的概念缺乏统一的认识，但是从学术界对创业内涵的探讨中，我们仍然可以找到许多共同点：创业是行动的过程，是市场导向下的行动过程；创业伴随着创新与机会寻求过程；创业过程当中机遇与风险、挫败与满足同在。[3] 由此可见，创业的内涵远非仅仅是新企业的建立，创业已成为一个整合的概念，创业精神如寻求机会的能力、创新的倾向、承担风险的意愿及把思想付诸行动的坚韧性。不仅渗透到创业者的创业活动中，也渗透进商业领域之外如医疗机构、政府部门、大学等非营利组织。[4] 目前社会创业在全球广泛兴起，就是创业向商业领域之外渗透的典型表现。从创业的发展我们可以看出，创业与创新始终是联系在一起的，尤其是知识经济时代，创新驱动已经成为

---

1 施永川. 美国高校创业教育教学模式研究 [M]. 上海：上海交通大学出版社，2020：14.
2 教育部. 教育部关于大力推进高等学校创新创业教育和大学生自主创业工作的意见 [Z]. 教办 [2010] 3号.
3 胡瑞. 新工党执政时期英国高校创业教育研究 [M]. 北京：高等教育出版社，2013：21.
4 牛长松. 英国高校创业教育研究 [M]. 上海：学林出版社，2009：2.

世界经济发展的主要动力,只有建立在创新基础上的创业,才能最终走向成功,走得长远。当然,这种创新,不仅仅是技术创新,也包括商业模式创新和组织的、方法的、系统的变革等。创业也在不断向商业领域外渗透,不仅成为推动经济发展的动力,而且成为推动社会发展的动力。从创业的内涵和发展来看,一方面说明现代社会经济发展急需创新创业型人才,高校需要加大创新创业教育的力度;另一方面也说明创业是一个非常复杂的系统工程,不仅要求创业者具有广博的专业知识和创新的思维方式,而且还要具备把这些知识付诸实践的创新能力,更要有应对创业过程所面临风险时的综合素质。因此,高校开展创新创业教育,不是某一个学科或专业教育就可以解决问题的,必须把创新创业教育有机地融入专业教育之中,实现专创融合才能培养出适应现代产业发展需求的创新型专业技术技能人才。

从学生发展需求来看,以物联网、智联网、人工智能等技术为标志的现代科技的飞速发展,导致职业与就业形式不断变化,自主创业、自我雇佣成为就业的重要形式,企业也不断创新产业领域,企业内创业现象日趋普遍,对高等教育提出了新的要求,对人才的创新创业意识、创新创业精神和创新创业能力的要求越来越高。因此,不论是从学生就业需要和职业发展来看,还是从学生实现自我价值的需要来看,培养学生的创新创业意识和精神,提升学生创新创业的能力,既是经济社会转型发展的迫切需要,也是学生自身发展的迫切需要,过去那种单纯的专业教育已经很难适应学生发展要求了,必须把专业教育与创新创业教育有机融合起来,"要使不同群体的学生,不管他们的专业背景如何,家庭背景如何,都有机会参与创业教育学习过程中,经过创业教育的学习之后,创造出满足人生需求、实现人生价值的发展渠道,让自主发展的精神在全校蔚然成风,让学校的每个学生都保持不断追求卓越的积极心态和精神风貌。"[1]

应当指出的是,尽管职业教育与创新创业教育在突出实践性和技术应用能力培养方面有许多耦合之处,但是,专业教育与创新创业教育在目标和教学方法上

---

1 卓泽林. 美国高校全校性创业教育实证研究 [M]. 北京:中国社会科学出版社,2019: 8.

还是存在很大差异的。因此，在有限的学习时间和学时数的条件下，高职院校如何将创新创业教育有效地融入专业教育过程之中，在培养大学生专业知识和技术技能的同时融入创新创业的理念、知识与技能，使他们成为既掌握技术知识又有一定创业能力的复合型创新人才，是当前高职院校专业人才培养改革所面临的一个重大课题，也是在探索"产学研赛创合一"模式培养生物产业应用技术人才创新能力过程中试图解决的问题。

 第一节　对接产业，重构人才培养方案与课程体系

生物技术是近二十年来发展最为迅猛的高新技术，越来越广泛地应用于农业、医药、轻工食品、海洋开发、环境保护及可再生生物质能源等诸多领域，具有知识经济和循环经济特征，对提升传统产业技术水平和可持续发展能力具有重要影响。2010年《国务院关于加快培养和发展战略性新兴产业的决定》出台，将生物产业作为战略性新兴产业大力发展，从国家发展战略上把生物产业作为新的经济增长点。近十年来，生物技术获得突破性发展，新一代信息技术加速渗透，生物技术产业产值以每三年增长5倍的速度递增，以生物技术为重点的第四次产业革命正在兴起。深圳市作为首批国家生物医药产业基地和国家自主创新示范区，生物医药产业发展起步早、基础好，是深圳市重点发展的支柱产业、战略新兴产业和未来产业。目前，深圳市生物医药产业已构建了集上游技术研发及临床试验、中游生产制造、下游流通销售及应用的完整产业链（图7-1）。为此，专业从生物技术产业科技含量高、技术发展快、专业技术要求高等特点出发，通过企业调研，明确产业对从业人员知识技术、专业素养方面的要求，发现现阶段培养教育人才的不足和需要，改进或新增的方向，校企合作，重构人才培养方案、课程设置和授课内容等。

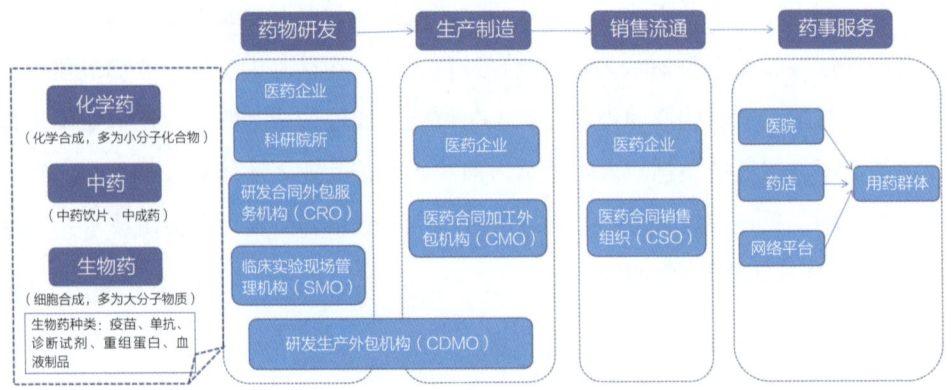

图7-1 深圳生物医药产业链结构图

对接产业，以培养创新技术技能人才为目标重构人才培养方案

应用化学与生物技术学院生物类专业主要有食品生物技术专业、生物技术及应用专业、药学专业、食品营养与检测专业。专业也是根据学校发布的文件，每年都按照要求进行人才培养方案修订，从教学目标、课程体系、课程内容方面进行重构。随着生物技术的不断更新，产业对从业人员的创新型要求提高，因此近年来针对产业对创新能力的提高，人才培养方案修订时增加创新能力的培养。下面以2019年的食品生物技术专业（生物技术及应用）人才培养方案的修订实践为例，总结人才培养重构过程。

相对于以往的人才培养方案的培养目标，2019版的培养目标在以往加强实践动手能力之上，增加创新意识的培养。

修订好的本专业2019版培养目标是本专业培养理想信念坚定，德、智、体、美、劳全面发展的中国特色社会主义现代化建设事业需要的建设者和接班人。本专业围绕包含深圳市生物技术产业重大需求，面向生物技术行业的生物制品开发人员、基因检测技术以及免疫检测技术开发人员等职业群，能够在生物技术及其应用领域（生物医药，食品、生物化工等）从事研发或研发辅助、生产管理、产品检测、技术支持、市场营销等工作，具备一定的人文素养、科学素养、创新意识、工匠精神和较强的就业创业能力、可持续发展能力与国际视野的复合式、创新型、高素质技术技能人才。素质、知识及能力目标具体的分解见表7-1。本方案中专门增加了对创新能力目标的要求。毕业要求见表7-2，省级及以上技能、创新创业大赛获奖证书可作为毕业证书。

表7-1 人才培养方案分解目标

素质目标	思想道德素质	1. 热爱祖国，拥护中国共产党的领导，具有科学的世界观、人生观和价值观 2. 具有责任心和社会责任感 3. 具有法治意识，自觉遵纪守法 4. 热爱本专业，注重职业道德修养 5. 具有诚信意识和团队精神
	文化素质	1. 具有一定的人文艺术修养和现代意识 2. 具有一定的国际视野和跨文化交流、竞争与合作能力
	身心素质	具有较好的身体素质和心理素质
	专业素质	1. 掌握科学思维方法和研究方法 2. 具备求实创新意识和严谨的科学素养 3. 了解与生物技术专业相关的产品研发、生产、销售的法律、法规，熟悉环境保护和可持续发展等方面的方针、政策和法律、法规 4. 具有一定的质量意识、绿色环保意识、安全意识和职业生涯规划意识
知识目标	工具性知识	外语、文献检索、计算机基础、应用文写作等
	人文社会自然科学知识	文学、哲学、法律、思想道德、职业道德、心理健康、艺术、科学等
	专业基础知识	1. 掌握无机化学、有机化学基本化学知识 2. 掌握生物化学基础知识和生化基本技能 3. 掌握微生物基本知识和微生物培养基本技能 4. 掌握分析化学理论知识和操作技能 5. 掌握生物制品药理学评价、基础医学概论等与生物制品加工、生物检测相关的基本知识

续表

知识目标	专业核心知识	1. 掌握基因操作技术的原理和技术 2. 掌握细胞培养的知识和培养技术 3. 掌握免疫学相关知识以及常用免疫检测技术原理和方法 4. 掌握生物制品生产流程及工艺控制方法 5. 着重训练运用上述生物技术基本原理和方法进行食品安全、生物产品功效的检测的综合应用能力、技术实践和毕业顶岗实习能力
	专业拓展知识	1. 了解生物行业的发展历程以及应用领域 2. 掌握常用生物化学与技术基本操作 3. 掌握生物分离纯化、发酵技术、仪器分析、实验室管理与GMP、制剂技术、药品生物检定技术、生物技术设备与产品营销等生物产业相关技术和知识,提高学生生物技术综合知识水平
能力目标	基本能力	1. 具有适应社会发展及终身学习的能力 2. 掌握运用信息技术获取相关信息的基本方法 3. 具有较强的表达能力、沟通能力及团队合作能力
	专业能力	1. 具有生物与化学基本技能的应用能力,具有基因操作技术应用能力 2. 具有培养动物细胞的能力 3. 具有免疫技术的应用能力 4. 具有生物制品生产、质量检测及辅助研发的能力 5. 具有生物制品、生物医疗设备及试剂的营销能力
	创新能力	1. 具备以互联网、大数据及电子信息为核心的创新性思维能力 2. 具有本行业新知识、新技术、新工艺的敏感度和探究学习的意识 3. 具备创新思维和一定的商业敏感性

表7-2 毕业要求

课程类型		应修学分	占总学分比例	应取得的证书
通识教育课程	通识基础课程	40	28.6%	1. 计算机类证书：CEAC办公信息化应用专家证书 2. 下列专业技能证书之一： （1）校企共同认定的技能证书：食品安全快速检测员；核酸检测员 （2）行业协会认定的技能证书：生物检测员 （3）教育部相关行业指导委员会技能大赛获奖证书 （4）省级及以上技能、创新创业大赛获奖证书
通识教育课程	通识核心课程	6	4.3%	
通识教育课程	通识一般课程	8	5.7%	
通识教育课程	拓展专业课程	15	可选	
专业教育课程	专业基础课程	27	19.3%	
专业教育课程	专业核心课程	36	25.7%	
专业教育课程	专业拓展课程	23	16.4%	
合计		140	100%	
说明	1. 通识教育拓展专业课程学分不纳入总学分，选择拓展专业课程的学生，其获得的15个学分可以替代6个通识教育核心课程和8个通识教育一般课程学分。 2. 总学分中，集中实践课程32学分。其中，通识教育集中实践9学分（军事理论与训练2学分、形势与政策1学分、安全教育1学分、信息素养1学分、体验性实习2学分、基本技能实训2学分），专业教育集中实践23学分（指整周安排的综合实训、顶岗实习等）。			

根据专业培养目标，校企合作重构课程体系

根据专业人才培养方案中培养目标的变化，在专业的基本知识和基本能力教育之上，加强培养学生发现、分析和解决问题的能力，提高学生的创新能力，做到课程结构完整，课程体系科学，学时分配合理，实现学生知识、能力、素质培养协调发展，保证人才培养目标有效达成。结合已有培养方案的实际执行情况，针对专业的培养目标，以国家和学校的标准为前提，多次进行调研，校企共同围绕如何构建专创融合的体系展开探讨，建立创新教育贯穿于专业课程教学中的专创融合课程体系（图7-2）。在学校开发开设创新思维、创业基础、创新型项目

化课程、创新工程、创新创业项目等创新创业教育专门课程群的基础上，积极探索专创深度融合模式，将创新教育贯穿在专业标准、课程标准及课堂教学和实践教学中，促进两者的有机融合。

本专业专业基础课程、专业核心课程、专业拓展课程与创新创业课程详情见表7-3~7-6所示。

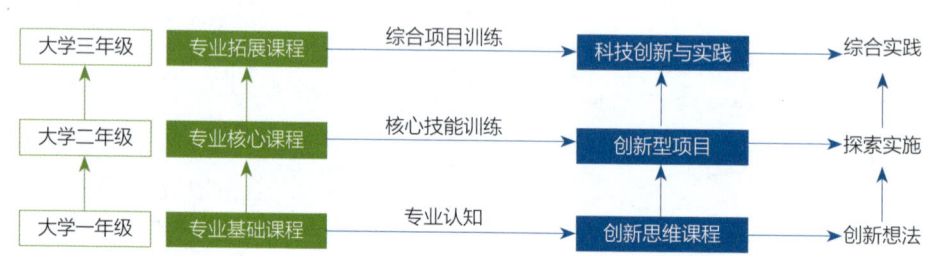

图7-2 专创融合课程体系

表7-3 专业基础课程

课程名称	学分	周学时	学周	含实践学时	开课学期
专业认知实习	1	4	4	8	一
无机化学	3	3	16	4	一
有机化学	4	4	16	6	一
生物与化学基本技能	1	24	1	24	二
生物化学与技术	5	5	16	24	二
基础微生物学	4	4	16	30	二
分析化学	3	3	16	26	三
基础医学概论	2.5	3	14	16	三
生物制品药理学评价	3.5	4	14	12	四

表7-4 专业核心课程

课程名称	学分	周学时	学周	含实践学时	开课学期
基因操作技术	5	5	16	40	三
细胞培养技术	4	4	16	32	三
免疫技术及应用	3	3	16	18	四
生物制品工艺	4	4	16	20	四
生物检测技术综合训练	2	24	2	48	五
生物技术综合技能实训	2	24	2	48	五
毕业顶岗实习（毕业作品）	16	16	16	384	六

表7-5 专业拓展课程

课程名称	学分	周学时	学周	含实践学时	开课学期
生物分离纯化	4	4	16	32	四
发酵工程技术	3	3	16	18	三
仪器分析	4	4	16	26	四
实验室管理与GMP	4	5	16	16	四
制剂技术	3	3	16	24	五
生物检测技术	3	3	16	34	五
生物技术设备与产品营销	2	2	16	16	五

表7-6 创新创业课程（可替代选修课程）

课程名称	学分	周学时	学周	含实践学时	开课学期
创新思维	1	4	4	16	二
创新型项目化课程	3	3	16	48	三/四
科技创新与实践	1	24	1	24	五
创新创业项目训练	2	5	16	16	四/五

三 以课程建设为抓手深化专创融合

（一）引进企业创新项目，重构课程内容

1. 选取生物产业的典型产品生产工艺，校企合作将企业创新项目引入课程，重构课程内容，建立项目化课程内容

例如，以华大基因基因测序和基因检测岗位来分析，基本流程：DNA提取→建基因组文库→PCR→产物纯化→上测序仪器测序→数据分析。因为DNA提取、PCR加样、产物纯化等步骤都需要人工操作完成，以往我们的毕业生也是在这些岗位进行操作，但是随着智能化装备的应用，机械手代替人手能快速、准确地处理大量样本。除此之外，一些检测岗位的仪器也越来越智能化，更多是需要人工对智能机器进行程序设计、下指令。因此我们所培养的学生技能如一些重复性的操作技能训练应该适当调整。同时，更应该根据企业新型岗位的需求进行教学升级，例如，在智能机器的工作下，以往的检测、生产效率大大提高，随之带来的是大量的检测数据产生，因此，检测数据的分析、生产产品的质量控制、检测结果的判定分析再运用等需要的人员越来越多，因此针对本专业方向的具体岗位，应该适当减少重复性操作技能的项目训练，而应该增加学生对专业数据库、专业分析软件以及挖掘数据、检测结果背后的信息、生产管理、产品质量管理相关的法律法规体系文件的建立等方面的能力。因此在"基因操作技术"课程中，增加了基因测序内容模块，以人趣味基因探索项目为主线，按照基因检测的规范要求，

尤其是伦理要求，根据企业组织架构学生分组设立相应部门，开展真实的测序项目，借助基因数据库和分析软件，引导学生从测序数据中发掘有趣的基因，学生汇报研究结果，企业教师进行点评，极大地提高了学生学习热情和探索兴趣。

2. 引入企业产品研发过程，构建典型产品项目化课程内容，建立项目化课程标准

以"生物制品工艺"课程为例，根据《中国药典》（2020版）和《药品质量生产规范》要求，选择典型生物制品生产工艺，建立项目化模块，从产品研发到生产工艺设计、验证以及各类产品的质量标准和质量控制等内容设计为一个项目，建立项目化课程标准，具体见表7-7。以典型产品项目为一个教学内容，教学实施过程按照企业的产品研发过程，将产品创新研发过程融入课程教学过程。按照此思路，构建了专创融合的课程标准，共计14门。

表7-7 "生物制品工艺"课程标准

项目	任务	知识点	技能点	学时 讲授	学时 实践
项目1：总论	1.1 生物制品的历史和生物制品的分类	1. 掌握生物制品的分类 2. 了解生物制品的世界史和中国史	1. 掌握生物制品的三大分类含义 2. 了解中国尤其深圳市生物制品的现状	1	0
	1.2 生物制品的现状	1. 掌握《中国药典》的通则 2. 掌握《中国药典》的生产和检定草案建立的原则 3. 了解中国生物制品的现状	1. 掌握药典三部中关于生产的三级种子库建立、工艺中无菌操作通则 2. 掌握产品工艺制定原则和工艺中通行的工艺参数制定和验评程序等 3. 了解目前上市的生物制品和正在临床生物制品	1	0
	1.3 生物制品的未来	1. 新工艺技术介绍 2. 了解国内外正在研究的生物制品和工艺	1. 了解新技术带来的新产品 2. 掌握深圳市目前主要的生物制品生产工艺和产品，每个人查资料列表归纳	1	0

续表

项目	任务	知识点	技能点	学时 讲授	学时 实践
项目2：细胞因子药物工艺（原核表达）	2.1 目前上市的原核表达的细胞因子产品的工艺	1. 该类制品工艺设计和实施注意点 2. 原核细胞表达生物制品工艺项目化教学	1. 掌握发酵工艺生产生物制品工艺原则 2. 项目化-干扰素（IFN）工艺 3. 项目化-白介素II（IL-II）工艺 4. 项目化-白细胞生成素（G-CSF）工艺	2	4
	2.2 对应的工艺参数	1. 工艺流程和工艺关键点 2. 发酵培养工艺 3. 纯化工艺	1. 干扰素（IFNα）工艺发酵和纯化工艺关键点 2. 白介素（IL-II）工艺发酵和纯化关键点 3. 白细胞生成素（G-CSF）发酵和纯化关键点	2	4
	2.3 全工艺对应的质控关键点和检测指标	1. 掌握QC的关键质控点 2. 掌握QC的检测方法	1. 掌握干扰素、白介素、白细胞生成素等蛋白浓度检测方法 2. 掌握干扰素、白介素、白细胞生成素等蛋白活性检测方法 3. 掌握干扰素、白介素、白细胞生成素等蛋白纯度的检测方法（凝胶电泳法）	2	4
项目3：细胞因子药物工艺（真核表达）	3.1 目前上市的真核表达的细胞因子产品的工艺	1. 该类制品工艺设计和实施注意点 2. 真核细胞表达生物制品工艺项目化教学	1. 掌握细胞培养工艺生产生物制品工艺原则 2. 项目化-红细胞生成素（EPO） 3. 项目化-纤溶蛋白原（tPA） 4. 神经细胞生长因子(NGF)	2	0

续表

项目	任务	知识点	技能点	学时 讲授	学时 实践
项目3：细胞因子药物工艺（真核表达）	3.2 对应的工艺参数	1. 工艺流程和工艺关键点 2. 细胞培养工艺 3. 纯化工艺	1. 红细胞生成素（EPO）细胞培养工艺和纯化工艺关键点 2. 纤溶蛋白原（tpA）细胞培养工艺和纯化工艺关键点 3. 神经细胞生长因子（NGF）细胞培养工艺和纯化工艺关键点	2	0
	3.3 全工艺对应的质控关键点和检测指标	1. 掌握QC的关键质控点 2. 掌握QC的检测方法	1. 掌握红细胞生成素、纤溶蛋白原、神经细胞生长因子的蛋白活性检测方法 2. 掌握红细胞生成素、纤溶蛋白原、神经细胞生长因子的蛋白纯度检测方法（HPLC方法）	2	0
项目4：其他治疗性生物制品工艺	4.1 目前上市的其他治疗性生物制品的工艺	1. 该类制品工艺设计和实施注意点 2. 其他类治疗性生物制品工艺项目化教学	1. 掌握其他类治疗性工艺生产生物制品工艺原则 2. 白蛋白产品 3. 球蛋白产品 4. 组织提取的胸腺肽 5. 芦荟多糖提取和纯化、乳膏的制备	1	4
	4.2 对应的工艺参数	1. 工艺流程和工艺关键点 2. 提取工艺或者其他生产工艺 3. 纯化工艺	1. 白蛋白工艺的关键点 2. 球蛋白工艺的关键点 3. 组织提取的胸腺肽工艺关键点 4. 芦荟多糖的测定	2	2

续表

项目	任务	知识点	技能点	学时 讲授	学时 实践
项目4：其他治疗性生物制品工艺	4.3 全工艺对应的质控关键点和检测指标	1. 掌握QC的关键质控点 2. 掌握QC的检测方法	1. 掌握白蛋白、球蛋白、组织提取的胸腺肽的生物活性检测方法 2. 掌握白蛋白、球蛋白、组织提取的胸腺肽的纯度检测方法（生化方法） 3. 掌握测定多糖的标准曲线测定方法和待测样品的浓度检测	2	2
项目5：病毒性疫苗工艺	5.1 病毒性疫苗工艺的特殊性	1. 疫苗的作用原理 2. 疫苗工艺的要求：有毒区和无毒区的划分 3. 疫苗的工艺参数和质量检测方法的确认	1. 学习病毒性疫苗毒种的特殊管理原则和其他对于工艺的特殊要求 2. 病毒性工艺流程的建立程序 3. 掌握工艺参数如何确立和维护，产品的质量检测方法	2	0
项目5：病毒性疫苗工艺	5.2 病毒性疫苗的工艺	1. 基因工程疫苗的工艺 2. 灭活疫苗的工艺 3. 减毒活疫苗的工艺	1. 项目化-基因工程乙肝疫苗（CHO细胞产）工艺 2. 项目化-基因工程乙肝疫苗（酵母细胞产） 3. 项目化-流感疫苗的工艺 4. 项目化-狂犬疫苗的工艺（了解新型冠状病毒疫苗工艺） 5. 项目化-麻疹疫苗的工艺	2	0
项目5：病毒性疫苗工艺	5.3 疫苗的质量控制点和检测方法	1. 掌握QC的关键质控点 2. 掌握QC的检测方法	1. 掌握基因工程乙肝疫苗（CHO细胞产）的QC的关键质控点和方法 2. 掌握流感疫苗的QC的关键质控点和方法 3. 掌握狂犬疫苗的QC的关键质控点和方法 4. 掌握麻疹疫苗的QC的关键质控点和方法	2	0

续表

项目	任务	知识点	技能点	讲授	实践
项目6：细菌性疫苗（菌苗）工艺	6.1 细菌性疫苗工艺的特殊性	1. 疫苗的作用原理 2. 疫苗工艺的要求：有毒区和无毒区的划分 3. 疫苗的工艺参数和质量检测方法的确认	1. 学习细菌性疫苗毒种的特殊管理原则和其他对于工艺的特殊要求 2. 细菌性工艺流程的建立程序 3. 掌握工艺参数如何确立和维护，产品的质量检测方法	2	0
	6.2 细菌性疫苗的工艺	1. 荚膜多糖类菌苗的工艺 2. 细菌类菌苗的工艺	1. 项目化-流脑疫苗 2. 项目化-白喉疫苗 3. 项目化-百日咳疫苗	2	0
	6.3 疫苗的质量控制点和检测方法	1. 掌握QC的关键质控点 2. 掌握QC的检测方法	1. 掌握流脑疫苗的QC的关键质控点和方法 2. 掌握白喉疫苗的QC的关键质控点和方法 3. 掌握百日咳疫苗的QC的关键质控点和方法	1	0
项目7：诊断性生物制品工艺	7.1 目前上市的体外诊断性生物制品工艺	1. 血型诊断试剂盒 2. HPV诊断试剂盒 3. 宫颈癌诊断试剂盒	1. A型、B型、AB型、O型血型诊断试剂盒的生产工艺 2. HPV诊断试剂盒的生产工艺 3. 宫颈癌诊断试剂盒生产工艺	2	0
	7.2 体外诊断性生物制品工艺的质控点	1. 血型诊断试剂盒工艺质控点 2. HPV诊断试剂盒质控点 3. 宫颈癌诊断试剂盒质控点	1. 血型诊断试剂盒工艺质控方法 2. HPV诊断试剂盒质控方法 3. 宫颈癌诊断试剂盒质控方法	2	0
	7.3 生物芯片	1. 基因芯片 2. 蛋白质芯片	1. 基因芯片的工艺、质控点和应用领域 2. 蛋白质芯片的工艺、质控点和应用领域	2	0

续表

项目	任务	知识点	技能点	学时 讲授	学时 实践
项目8：单抗类生物制品	8.1 单抗的概念和类型	1. 嵌合型单抗 2. 人源化单抗	1. 单抗的生产工艺 2. 不同类型单抗的获得	1	0
	8.2 单抗的生产工艺	1. 单克隆细胞株的获得和筛选 2. 单抗的扩大培养生产 3. 单抗的纯化工艺	1. 项目化-血液癌症单抗工艺 2. 项目化-淋巴癌症单抗工艺	1	0
	8.3 单抗的质控点和方法	1. 掌握QC的关键质控点 2. 掌握QC的检测方法	1. 了解血液癌症单抗的质控点和方法 2. 了解淋巴癌症单抗的质控点和方法	1	0
项目9：工艺验证流程和验证文件的整理	9.1 流程	1. 审评流程 2. 验证小组组成	1. 掌握企业生物制品验证的审评流程和星号工作（必备工作） 2. 不同级别的成员组成、成员资质 3. 验证方案的制定、批准和实施	2	0
	9.2 验证文件	1. 文件的组成 2. 验证的原则 3. 项目化-除菌滤器过滤的验证	1. 项目化-除菌滤器过滤的验证的文件 2. 验证方案实施中的数据采集和处理 3. 验证文件的撰写和整理	2	0
学时总计				44	20

（二）将大赛资源转化为教学资源，赛事评价标准转化为学习评价标准

一改以往以考代评的方式，将创新创业大赛的竞赛内容和评价标准转化为课程教学内容和学习评价标准。例如"生物产品营销"课程，实践教学内容和评价标准完全按中国国际"互联网+"大学生创新创业大赛的赛事内容和评价标准来实施（图7-3）。

"生物产品营销"

一、实训项目分组名单

生物营销分组（18食品生物技术2班27人，共九组）

组别	名单	项目
1	郭晨星、张文峰、徐正	柚子精油祛痘油
2	陈璇、黄斯敏、曹莹敏	纳米抗菌肽
3	杨楚淳、丁雪、李嘉仪	螺旋藻破壁脱腥口服液
4	张婷、李泳诗、李晓梅	载药微针
5	曾凡璇、黄凯芹、谭纯	分子饰品
6	刘新悦、张琪、林仰璇	龋齿检测仪
7	巩亚迪、姜楚玄、黄艳芳	特色果酒
8	叶彤、叶丽珍、陈曦	靶向降压肽
9	李俊、陈志聪、吴佳奋	虾青素微胶囊

二、评分规则（按2020中国国际"互联网+"大学生创新创业大赛评分标准制定）

评审要点	评审内容	分值
创新性	1. 具有原始创意、创造。 2. 具有面向培养"大国工匠"与能工巧匠的创意与创新。 3. 项目体现产教融合模式创新、校企合作模式创新、工学一体模式创新。 4. 鼓励面向职业和岗位的创意及创新，侧重于加工工艺创新、实用技术创新、产品（技术）改良、应用性优化、民生类创意等。	30
团队情况	1. 团队成员的教育、实践、工作背景、创新能力、价值观念、分工协作和能力互补情况。 2. 团队的组织构架、股权结构、人员配置以及激励制度合理性情况。 3. 创业顾问、投资人以及战略合作伙伴等外部资源的使用以及与项目关系的情况。	25
商业性	1. 商业模式设计完整、可行，项目已具备盈利能力或具有较好的盈利潜力。 2. 项目在商业机会识别与利用、产品或服务设计、技术基础、竞争与合作、资金及人员计划，以及在现行法律法规限制等方面具有实施的可行性。 3. 对行业、市场、技术等方面有详实调研，并形成可靠的一手材料，强调实地调查和实践检验。 4. 项目目标市场容量及市场前景；发展战略和规模扩张策略的合理性和可行性；在财务管理（筹资、投资、营运资金、利润分配等）方面的合理性。 5. 项目对相关产业升级或颠覆的情况；项目与区域经济发展、产业转型升级相结合情况。	20
带动就业	1. 项目直接提供就业岗位的数量和质量。 2. 项目间接带动就业的能力和规模。	15
引领教育	1. 项目充分体现专业教育与创新创业教育的结合，体现团队成员所学专业知识和技能在项目和相关创新创业活动中的转化与应用。 2. 突出大赛的育人本质，充分体现项目成长对团队成员创新精神、创业意识和创新创业能力的锻炼和提升作用。	10

三、提供材料

　　1. 商业计划书
　　2. PPT
　　3. 1分钟视频

四、答辩要求

　　抽签决定各小组答辩顺序，每小组选1名演讲人上台演讲，其他人参加答辩，演讲时间10分钟，其中播视频1分钟左右；提问时间3分钟，由非答辩小组提问。教师（3人）和各小组对答辩小组打分，教师打分占总分70%，学生打分占30%。

图7-3 融合创新创业大赛内核的课程设置

四　校企合作，开发项目化课程，核心课程建成"金课"

本专业在课程体系的设计思路之上加大各门课程的开发，打破传统的学科教学设计，按照每门课程在典型工作任务中所处的环节设置相应的知识内容，根据真实工作过程设计项目进行教学，做到理论知识与实际工作过程不脱节。确定有行业、企业工作经验及丰富职教经验的专业骨干教师为课程负责人，成立课程建设团队，校企共建优质核心课程（表7-8）。

表7-8　优质核心课程展示

课程名称	课程级别
分析化学	国家级、省级精品课程
生物化学与技术	国家级、省级精品课程
基因操作技术	校级项目化课程、金课
细胞培养技术	校级项目化课程、金课
生物制品工艺	校级项目化课程、金课
生物检测技术	校级项目化课程、金课
检测实验室管理	校级项目化课程、金课

第二节　围绕创新教育深化"三教改革"

 "专兼结合"构建"双师型"师资队伍

（一）团队结构

学生数与专任教师数比例在（25∶1）~（18∶1），专业课专任教师中"双师型"教师比例不低于85%。专任教师队伍形成合理的梯队结构，同时构建模块化教学团队和科技创新团队，成员平均年龄45岁以下。专任教师中，具有研究生学位教师占比达到100%，其中博士学位教师占比达80%以上；具有高级职称的教师占比40%以上，其中具有正高职称的教师占比10%以上；具有海外留学或研修经历的教师占比达到20%；青年教师（40周岁以下）占比为30%以上。兼职教师总数占专业课教师比例达到50%以上。以生物技术产业链为主线组建体系化、模块化的教学团队，基础性课程以具有专业背景的校内专任教师主讲为主，实践性课程主要由企业、行业技术技能骨干担任的校外兼职教师参与讲授。

（二）专业带头人

生物技术专业现任带头人杨剑教授，中国科学院大学华大教育中心校外兼职博士生导师，深圳市科技创新委专家。获广东省教学成果奖二等奖，主持建立了生物技术中央职业教育实训示范基地，与华大基因联合深圳市校外实训基地，指导学生参加国际基因工程机器大赛（iGEM）获得金奖、指导学生参加广东省"挑战杯"获得一等奖。主编国家规划教材1部，主持各类科研项目近10项，项目经费500余万，发表SCI文章20余篇，获国家发明专利授权10余项。

（三）专任教师

生物技术专业专任教师有理想信念、有道德情操、有扎实学识、有敬业精神；教师为人师表，从严治教，教学改革意识和质量意识强，具有较强信息化教学能力，能够高水平地开展课程教学改革；定期参与企业实践，不断提高技能水平；具有较强的科学研究、社会服务和技术转化能力。目前，本专业专任教师15名，其中有1名深圳市地方领军人才，2名教师在国内知名企业担任学术顾问和专家；专任教师每5年累计下企业实践经历不少于6个月。2019—2021年，9位专任教师中，有三人4次被评为市级、校级优秀班主任，三人9次荣获学校教学质量优秀奖，三人5次年度考核校、院级优秀；获得省级教学成果奖项2项。从学生评教反馈结果来看，专业教师平均得分96分以上，学生的满意度较高。因此，无论是敬业爱岗程度、教学质量，还是科研水平都处于学校的前列。

（四）兼职教师

专业的兼职教师主要从相关行业企业的一线管理、技术人员和能工巧匠中聘任，要求具备良好的思想政治素质、职业道德和工匠精神，具有扎实的专业知识和丰富的实际工作经验，具有中级及以上相关专业职称，能承担专业课程教学、实习实训指导和学生职业发展规划指导等教学任务。目前，本专业从行业协会和企业长期聘请专家参与专业建设和课堂教学，聘有兼职教师20余名。此外，成立了由10位企业专家组成的产学研用指导委员会。

 构建多种教学方法，贯穿学生创新能力培养全过程

（一）建立项目化教学方案，有效地培养学生的职业能力、创新能力和就业能力

由于本专业课程标准是建立在真实工作任务及工作过程之上的，因此课程的教学过程要尽最大可能再现真实工作的过程。根据学习内容，融合真实工作任务，采用项目教学、工作任务驱动、引导教学、案例教学等教学方法，建立工作情景教学方案。如"基因操作技术"课程即是将学习内容分解为核酸提取、目的基因扩增、基因重组、基因转化细胞、重组细胞筛选、产物诱导六大任务，选择合适的教学载体，再现真实工作过程。每个学习情景中都包括学习目标、学习内容、学习方法、学习资源、对学生和教师的基本要求以及考核方式。其中学习目标不仅涵盖知识目标、能力目标，还增加了情感目标。通过这种教学方案，创设真实的工作任务，激起学生的学习兴趣，从而引导学生从整体上理解和把握教学中的重难点、学习方法和关键内容，有助于学生快速地掌握知识，更好地实现教学做一体化的效果。

（二）"模拟企业活动、以学生为主体"的教学方式激发学生主动性和创造性

在专业技能实践课中，专业教师坚决贯彻"把学习的主动权交给学生"的思想。探索出"模拟企业活动、以学生为主体""项目主题、学生主体"的新颖教学模式。例如在"生物制品工艺"课程实施过程中，采用"模拟企业活动、以学生为主体"的教学方式。学生自己设计产品、自己生产工艺、自己制定产品质量标准，老师只作指导，真正实现了以教师为中心向学生为中心的转变。通过这种教学方法和形式的改革，极大地调动了同学们的参与积极性，提高了同学们的学习能力。由于每个同学都有自己的"职务",都要对自己分管的工作负责,使每个同学的责任心增强了,避免了实训过程中"部分人干,部分人看"的情况;通过这样的教学形式,也培养了同学们的团队精神和竞争意识;锻炼了同学们获取信息、口语表达、发现问题、解决问题、产品开发和市场开拓能力。

(三)采用"敢想、敢试、敢创"的教学方式激发学生主动性和创造性

在专业项目化课程中引导学生主动思考,培养学生敢想、敢试、敢闯的精神。以"微生物检测"课程为例,在意识上,教师引导学生要"敢想"。在熟练规范学生操作技术练习实践的同时,示范引导学生在操作实践中观察细节,查阅资料,总结检测实施中的疑点难点,针对所发现的问题各小组开展讨论并搜索资料,进一步大胆设想,提出创新点。在行动上,鼓励学生要"敢试"。引导学生查阅研究市场最新检测设备设施,特别是快检产品,研究学习这些产品的原理,启发学生对快检产品检测操作细节、操作工具实施技术路线等的创新。最后,开展课后拓展探究,鼓励学生"敢闯":积极申报创新项目或专利项目。

(四)"请进来""走出去""课程指导书"教学法,激发学生学习欲望,增强学生学习积极性和主动性

"请进来"是将行业内知名人士、企业负责人或往届毕业生请到学校,介绍行业发展趋势、人才需求和用人要求等;"走出去"是将学生带到企业考察,实地感受就业环境;"课程指导书"是针对主要课程制订课程指导书,在开课的开始就告知学生本课程的目标、内容、课程标准和开课的方式。特别强调学生的"知情权",让学生了解行业的现状和就业的前景,明确自己将学什么、怎样学、学了有什么用,从而激发学生学习欲望,增强学生学习积极性和主动性。

 建设共享型专业教学资源库

(一)教材建设

据本专业人才培养和教学实际需要,依据专业教学标准、课程标准、顶岗实习标准等国家教学标准要求,采取"教师、企业专家、学生"三结合的方式,紧贴国内外食品行业生物技术前沿,融合行业成熟技术经验,组织专业教师和企业

专家编写或修订专业理论教材、实训教材、多媒体教材，同时注意收集分析毕业生和企业的反馈意见，对教材及时进行修改。根据补充编写反映自身专业特色的教材。与行业企业合作开发实训教材，以及适应"1+X"证书制度改革和模块化课程改革的教材。以职业工作过程为导向，聚焦新技术、新工艺、新规范，开发活页式、工作手册式新形态教材，使专业课程教材充分反映产业发展最新进展，对接科技发展趋势和市场需求。在教学资源库建设的基础上，能将教材与丰富的教学资源相结合而开发新形态一体化教材和数字化多媒体教材。目前，本专业已经编写《生物化学技术》《分析化学》《发酵工程》《生物检测技术》《细胞工程》《生物分离技术》教材6部，编写《发酵工程》《检测实验室管理》国家和省级规划教材2部。

（二）数字教学资源

生物技术专业建设食品生物技术国家职业教育专业教学资源库，内容涵盖6门专业核心课程和8门一般课程的网络课程，收录行业、企业、教学与管理的专业标准大全库，收录与整理专业相关的图书、标准、学术会议资料、法律法规等资源的专业信息文献库，6门专业核心课程和8门一般课程的多媒体课件库，专业综合试题库等。建成国家精品资源共享课2门。食品生物技术专业图书文献配备能满足人才培养、专业建设、教学科研等工作的需要，方便师生查询、借阅。专业类图书文献主要包括：有关生物技术行业的政策法规、职业标准，基因操作指南、细胞培养手册、功能食品产品质量标准、行业标准等必备手册资料，有关现代生物技术的技术、方法、操作规范以及实务案例类图书等。同时还拥有及时更新的中国知网CNKI文库、德国施普林格SpringerLink、爱思唯尔Elisever、EBSCO全文数据库、JCR期刊分区数据库等生物技术方面非常专业和系统的文献数据库和新媒体数据库。

第八章

"产学研赛创合一"模式的教学应用价值和成功经验

第一节 "产学研赛创合一"模式的教学应用价值

一、有效解决了教学平台不足和实效性不强问题

平台概念源于工程领域,是由模块体系、界面以及标准三方面所组成的。霍姆斯(Holmes)等在美国竞争力委员会的一份报告中首次提出了创新平台的概念,"其内涵主要是指创新基础设施、人才、前沿研究成果、资本等创新要素在特定环境下相互作用,从而推进创新成果的产生"[1]。实践证明,良好的创新平台首先是协同创新平台,需要学校、政府、企业密切合作,实现科技和人才资源共建、共赢和共享;其次,对于高职院校来说,培养应用技术人才的创新平台建设必须要有优秀的教师团队,这个团队不仅有良好的教学水平,而且有良好的项目研发能力;再次,高职院校培养应用技术人才的创新平台的可持续发展必须要有好的激励机制,这个激励机制更多的是针对学生的,要把人才的创新能力培养放在第一位,这是高职院校创新平台与其他高校创新平台不同的地方。然而,正是因为优秀的"双师型"教师团队建设的薄弱和创新平台激励机制的缺乏,使得我国很多高职院校的创新平台建设规模不足,进而造成创新平台在培养人才的创新能力方面实效性不强。特别是高职院校的生物技术专业,更多需要培养人才的探究和创新能力,因而平台建设显得尤为重要。

"产学研赛创合一"人才培养模式对接深圳生物产业链,将中央职业教育生物技术实训基地逐步建成"产学研赛创"融合基地。该基地拥有1个部级、3个市级和1个校级研发及技术服务平台,各类平台建设融入企业元素,研发实力雄厚,学生广泛参与课题研发和技术服务。这些优质的创新平台与华大基因联合

---

1 李志刚. 地方高校科技创新平台提升管理的对策研究[J]. 吉林工程技术师范学院学报. 2020, 36 (04): 42-44.

制定人才培养方案，开发项目化课程、"1+X"证书，指导学生大赛，开展科研项目，及时将华大基因的最新工艺、技术及培训资料和创新理念融入课程内容；并且与华大基因联合建立省、市产教融合型企业，获批深圳市公共实训基地。总之，承载"产学研赛创合一"人才培养模式的创新平台不仅有先进设备和强大的技术力量，而且有大量的创新训练项目，这些项目具备良好的市场前景。

有效解决了高职院校学生的创新能动性不足问题

由于各种各样的原因，高职院校学生相对于普通本科高校学生来说，他们的学习自主性不强，学习兴趣和自信心总体上比较缺乏，这就造成高职院校学生创新能动性不足。因此，在高职教育中，提高学生的学习主动性和学习自信心是教师的一项重要工作。特别是对于生物技术专业教师来说，这项工作尤为重要。

我们在实践中形成的"产学研赛创合一"人才培养模式把学生参与感作为激发其学习主动性和创新能动性的核心，由于没有亲身参与就没有直接体验，而没有直接体验就不会有能动性。因此，我们树立"激活潜能、主动探索、享受过程"新理念，充分利用平台的技术、科研项目和成果优势，引导学生积极参加创新工程和创新创业训练项目，并在此基础上遴选项目团队参加国际大学生基因工程机器大赛、中国国际"互联网+"大学生创新创业大赛等有影响力的创新创业赛事，激发学生创新思维，培养创新能力。在这个过程中，我们把创新学习的主动权交给学生，学生是前台的表演者，教师只是幕后的装台者，整个教学过程其实就是学生自主成长的过程。

有效解决了应用技术人才培养中"专创融合"不深问题

所谓"专创融合"，是指在高职教育的专业教学中融入创新创业教育元素，同时在创新创业教育中融入专业教学内容，实现专业教学与创新创业教育有机融合。就实践而言，高职教育培养掌握复杂性技术知识的应用型人才，"专创融合"既是激发专业教学的生命创造活力的重要手段，也是丰富创新创业教育新鲜内容的基本任务，但是需要高职院校在应用技术人才培养中实现专业教学和双创教育的"深度融合"。目前，许多高职院校"专创融合"之所以不够深入，其重要原因之一是缺乏促进深度融合的恰当载体。

深圳职业技术学院生物技术专业在实践中形成的"产学研赛创合一"人才培养模式解决了"专创融合"不深的问题，主要是将大赛资源转化成教学资源，在专业教学中融入创新元素。我们将国际大学生基因工程机器大赛和中国国际"互联网+"大学生创新创业大赛的赛项任务转化为教学项目、赛项评价转化形成为教学评价，形成良好的以赛促教、以赛促学机制。如何选择赛事？首先是选择具有理念先进、挑战性较强、赛事周期长、需要跨界组队的赛事，如国际大学生基因工程大赛和中国国际"互联网+"大学生创新创业大赛，这些比赛驱动力强，能磨练意志、收获成就感；其次是使"专创融合"引导学生创新思维，培养学生敢想、敢试和敢闯的精神，树立生命至上、勇于实践、刻苦钻研、主动探索、精益求精的价值观。

"产学研赛创合一"模式实施"专创融合"教学的重要抓手是专业课程的"金课"建设，其中的重点任务是师资、教学和教材的建设，旨在提高教师的教学、科研和创新思维能力。目前"基因工程技术"等6门专业课立项建设校级"金课"建设，校企合作编写教材《检测实验室管理》已通过广东省推荐参评国家"十四五"规划教材。

培养应用技术人才创新能力的成功经验

"产学研赛创合一"模式的育人成绩

深圳职业技术学院生物技术人才创新能力培养的"产学研赛创合一"模式形成以来，生物技术类专业在校学生获国内外创新创业类奖项21个。

2019—2021年，深圳职业技术学院生物技术类专业获国际大学生基因工程机器大赛金奖3枚，以及3枚含金量极高的"全球最佳"和"提名奖"等单项奖；获中国国际"互联网+"大学生创新创业大赛国赛金奖3枚、国赛银奖1枚、省赛金奖3枚、省赛银奖2枚、省赛铜奖2枚；获全国高职院校"发明杯"大学生专利创新大赛金奖2枚、银奖1枚、铜奖1枚。2018—2021年生物技术类专业学生申请专利16项，其中发明专利5项，获专利授权6项。这些成绩引发联合国教科文组织国际职教中心和中国国家级媒体的关注和报道。

深圳职业技术学院生物技术类专业建设成效显著，排名跃居全国第一，形成了"专业效应"，毕业生广泛分布在深圳市乃至全国生物技术行业，其创新能力和综合素质受到了用人单位高度评价。以2016—2020届学生为例，麦可思公司调查数据显示，该专业平均就业率97%、月收入5628元、专业相关度75.3%（全国示范职业院校同类专业分别为平均就业率94%、月收入4075元、专业相关度61%），平均创业率达到了7%。本专业成为华大基因招聘人才的主要来源地之一，先后有70余位毕业生在华大基因工作，分布在研发、生产、销售和管理等岗位，有的成为部门负责人，有的成长为课题组长。新型冠状病毒肺炎疫情爆发期间，多位在华大基因工作的校友主动到"抗疫"一线开展工作，体现了他们的社会责任担当和"生命至上"精神。

三、"产学研赛创合一"模式的实践经验

总结"产学研赛创合一"模式培养应用技术人才创新能力探索与实践，我们可以得出以下几点基本经验：

第一，高职教育能够培养掌握复杂性技术知识的研发助理人才，这种应用技术人才的核心能力是创新能力。对于高职院校生物技术类相关专业的人才培养来说，认识这一点尤为重要。

第二，从实用主义技术哲学认识论来分析，高职教育培养应用技术人才创新能力的理论建构的逻辑起点是"探究行动"。换言之，创新能力是特殊探究行动的结果，这一基本理念源于实用主义哲学家杜威的"一切知识都是特殊探究行动

的结果"的基本论点。

第三，高职教育培养应用技术人才创新能力是一个"协同育人"过程，需要把培养学生创新创业能力与产业需求、项目研发、大赛驱动和探索学习紧密融为一体，强调产业为用、项目为体、大赛为引、创造为魂，以及主动探索创新项目为主线。

第四，促进"产学研赛创合一"模式的有效运行，需要有足够数量的充分开放的创新平台，而且这些平台都是通过不断更新与创新成果相衔接的技术研发项目来体现其生命力的。

第五，促进"产学研赛创合一"模式的有效运行，需要把学生看作探索者和发现者，让教师成为启迪者和陪伴者；学生参与科研项目、开展项目化学习以及参加各类创新创业大赛时，必须自主寻找项目，独立完成项目，积极参与社会实践，体验项目实施过程的酸甜苦辣，激发创新创业的内生动力。关于教学方法，应当实施探究型教学方法。

第六，高职教育培养应用技术人才创新能力不仅是一个探究的行动，而且更是一种精神。任正非曾说过一段引起广泛讨论的话："自主创新如果是一种精神，我支持；如果是一种行动，我反对。"任正非反对的肯定不是真正意义上的创新行动，而是一种出于功利主义目的的行为艺术，在企业可能是套利，在学校可能是表演。任正非认为，这种背离了"精神"的重复创新必然造成大量的资源浪费。

第七，"产学研赛创合一"模式的有效运行和可持续发展，不仅需要持续不断的实践探索，而且需要持续不断进行职业教育学的理论探索。

附录1
2017—2021年生物技术及相关专业学生各类比赛获奖情况

序号	竞赛项目	主办单位	获奖人	获奖等级	获奖时间
1	第七届中国国际"互联网+"大学生创新创业大赛国赛 题目：乡味U选	教育部等十二部委	邓辰洋、陈茵茵、郑启超等	金奖	2021-11
	第七届中国国际"互联网+"大学生创新创业大赛国赛 靶向抗栓肽	教育部等十二部委	黄红霞等	金奖	2021-11
2	第六届中国国际"互联网+"大学生创新创业大赛国赛 题目：靶向降压肽	教育部等十二部委	詹智浩、赵胜楠、陈龙辉等	金奖	2020-12
	第十八届国际基因工程机器大赛（iGEM）	iGEM Foundation	赵佳美等	金奖	2021-11
3	第十七届国际基因工程机器大赛（iGEM）	iGEM Foundation	周建桦、林瑞鑫	金奖	2020-11
4	第十六届国际基因工程机器大赛（iGEM）	iGEM Foundation	黄林森、刘佳全等	金奖	2019-11
5	第五届全国高职院校食品营养与安全检测技能大赛团体赛	全国食品工业职业教育教学指导委员会	黄水凤、吴培琪、方晓纯	一等奖	2020-11
6	第五届全国高职院校食品营养与安全检测技能大赛	全国食品工业职业教育教学指导委员会	黄水凤	一等奖	2020-11
7	第四届全国高职院校食品营养与安全检测技能大赛团体赛	全国食品工业职业教育教学指导委员会	许斯敏、苏楚丹	一等奖	2019-11
8	第十四届全国高等职业院校"发明杯"大学生创新创业大赛	中国发明协会	冼依雯等	一等奖	2019-10

续表

序号	竞赛项目	主办单位	获奖人	获奖等级	获奖时间
9	第十三届全国高等职业院校"发明杯"大学生创新创业大赛	中国发明协会	彭文聪等	一等奖	2018-10
10	第四届全国高职院校食品营养与安全检测技能大赛	全国食品工业职业教育教学指导委员会	许斯敏	二等奖	2019-11
11	第十三届全国高等职业院校"发明杯"大学生创新创业大赛	中国发明协会	郑少娟等	二等奖	2018-10
12	全国食品药品类职业院校"药品检测技术专业技能大赛"	全国食品药品职业教育教学指导委员会	吴小蔓、黄婉诗、梁齐齐	三等奖	2019-11
13	第二届全国食品营养与安全检测高职院校在校生技能大赛	全国食品工业职业教育教学指导委员会	陈婉真	铜奖	2017-11
14	第七届中国国际"互联网+"大学生创新创业大赛广东省分赛	教育部等十二部委	邓辰洋、陈茵茵、郑启超等	金奖	2021-08
15	第七届中国国际"互联网+"大学生创新创业大赛广东省分赛	教育部等十二部委	周建桦等	金奖	2021-08
16	第六届中国国际"互联网+"大学生创新创业大赛广东省分赛	教育部等十二部委	詹智浩、陈龙辉、沈艺名等	金奖	2020-08
17	广东省职业院校技能大赛中药传统技能赛项（高职组）	广东省教育厅	方敏蓉	一等奖	2021-10
18	广东省职业院校技能大赛农产品质量安全检测赛项（高职组）	广东省教育厅	黄水凤、林迁芊	一等奖	2020-12
19	第六届中国国际"互联网+"大学生创新创业大赛广东省分赛	教育部等十二部委	肖荔鹏、陈敏玲、林紫烨等	银奖	2020-08

续表

序号	竞赛项目	主办单位	获奖人	获奖等级	获奖时间
20	广东省职业院校技能大赛农产品质量安全检测赛项（高职组）	广东省教育厅	邓玉婵、吴培琪	二等奖	2020-12
21	广东省职业院校技能大赛农产品安全检测赛项（高职组）	广东省教育厅	朱咏欣、黄卓敏	二等奖	2021-06
22	广东省高等职业院校技能大赛农产品安全检测赛项（高职组）	广东省教育厅	陈敏、许斯敏	二等奖	2019-06
23	广东省高等职业院校技能大赛农产品安全检测赛项	广东省教育厅	冯梓萍	二等奖	2017-06
24	广东省大学生生物化学实验技能大赛	广东省教育厅	黄晓敏、刘红兵、黄冰	二等奖	2021-04
25	广东省职业院校技能大赛中药传统技能赛项（高职组）	广东省教育厅	赖益儿	二等奖	2021-10
26	第七届中国国际"互联网+"大学生创新创业大赛广东省分赛	教育部等十二部委	杨文龙等	铜奖	2021-08
27	第七届中国国际"互联网+"大学生创新创业大赛广东省分赛	教育部等十二部委	杨东等	铜奖	2021-08
28	广东省职业院校技能大赛中药传统技能赛项（高职组）	广东省教育厅	杨楚淑	三等奖	2020-12
29	广东省职业院校技能大赛中药传统技能赛项（高职组）	广东省教育厅	刘晓霞	三等奖	2019-06
30	广东省职业院校技能大赛中药传统技能赛项（高职组）	广东省教育厅	邓清玲	三等奖	2019-06

附录2
大事记

2005年
中央职业教育生物技术实训基地立项，搭建技能训练及创新实践平台

2006年
广东省高职教育示范性专业建设立项，学生创新能力培养是重要建设内容

2007年
"生物化学与技术"国家精品课程立项，探索课创融合

2008年
获批农业部荔枝龙眼创新研究平台，提升平台建设

2007—2009年
参加多项创新工程，获得广东省"挑战杯"科技作品一等奖

2010年
广东省示范专业通过验收，初步总结"研、学、赛"融合模式培养学生创新能力

2011年
与华大基因签订校外实训基地，开展校企多形式、多方面的合作

附录2 大事记

2012年
"食品与生物技术专业群创新型技能人才培养模式的研究与实践"获学校立项,制定完善方案

2013年
聘杨焕明院士为高级校事顾问;成立产学研用管理委员会;聘请华大基因石琼、李治平为专家

2013年
国家精品资源共享课立项

2013年
开展学生自由探索为主的创新型课程和训练项目

2014年
召开产学研会议

2014年
深圳市生化分析检测平台获得立项

2015年
深圳市大规模细胞培养和细胞资源库公共技术服务平台获得立项

2015年
"食品与生物技术专业群创新型技能人才培养模式的研究与实践"课题结题。"产学研赛创合一"模式形成

2016年
广东省高职教育品牌专业立项

2017年
植物保护科研平台被广东省科技厅批准为"广东省现代农业科技创新中心"

2018年
华大基因获批深圳市公共实训基地

2018年
深圳职业技术学院纳米医药研发国际科技合作基地成立

2018年
获第十三届全国高等职业院校"发明杯"大学生专利创新大赛一等奖、二等奖

2019年
获第十六届国际基因工程机器大赛金奖和赛道最佳项目提名

2019年
深圳职业技术学院海洋生物医药研究院成立

2020年
中国国际"互联网+"大学生创新创业大赛国金1枚、省金2枚、省银1枚

2020年
华大基因获省、市级产教融合基地

2020年
获第十七届国际基因工程机器大赛金奖

附录2 大事记

2021年
第十八届国际基因工程机器大赛金奖，赛道最佳治疗项目、最佳展示、最佳教育提名

2021年
生物技术专业位居"金平果排行榜"榜首

2021年
第七届中国国际"互联网+"大学生创新创业大赛国金2枚，省金3枚，省铜2枚

2021年
"产学研赛创合一"模式培养生物产业应用技术人才创新能力的探索和实践，获得广东省教学成果奖特等奖

后记

2022年1月21日，广东省教育厅公布了2021年广东省教育教学成果奖（职业教育）拟获奖成果名单。我们团队申报的教学成果"'产学研赛创合一'模式培养生物产业应用技术人才创新能力的探索和实践"荣获特等奖，且名列榜首，这完全出乎我们的意料。更让我们意想不到的是，我们项目获奖引起了广东省乃至全国职业院校不少同行的关注，并纷纷向我们索要相关成果。究其原因，教学成果奖推荐书和总结报告比较简短（总结报告字数不超过5000字），是一种提纲挈领式的，同行们难以看到细节。也正因为如此，不少同行和同事强烈建议我们详细介绍我们教学成果的形成过程、经验总结和体会，便于他们在日后的教学工作中来借鉴和参考。好在我们的成果内容源自亲身体验，平时也很注重素材的积累，形成了较多、较全面的资料。于是，出于分享和交流的目的，我们团队成员分工协作并日以继夜地组织材料，经反复讨论和修改，终于完成拙著《激发与超越——生物产业应用技术人才创新能力培养"产学研赛创合一"模式探索与实践》，以答谢同行的厚爱与期待。

高职生物技术类专业需要培养学生的创新能力么？我们的回答是肯定的。这与生物产业的特点有关，生物产业是国家战略性新兴产业，技术含量高、迭代快，迫切需要创新型应用技术技能人才。早在2005年春，团队成员深入生物企业调研，了解生物企业发展现状和生物技术类专业毕业生的就业状况，我们发现当时深圳的生物企业以创新型中小企业为主，我们专业的毕业生30%～40%在研发助理岗位，而这种岗位对学生的专业技能和创新能力有较高要求。因此，我们当时意识到培养学生的创新能力势在必行。

创新教育的主要问题是什么？我们对用人单位的调研结果与麦可思第三方调查结果以及国家创新创业教育文件《国务院办公厅关于深化高等学校创新创业教育改革的实施意见》（国办发〔2015〕36号）提到

的创新教育的问题基本是一致的，即创新平台缺乏、学生创新能动性不足、"专创融合"深度不够等问题严重制约学生的创新能力培养。抓住问题的主要矛盾，也是我们创新教育的切入点。

如何培养学生的创新能力？我们认为高职学生的创新能力培养是一个系统工程，需要长期探索，不断总结和完善。深圳职业技术学院（以下简称"深职院"）生物技术类专业自2005年开始，以中央职业教育生物技术实训基地（2005）、广东省高职教育示范性专业建设（2006—2010），国家精品课程建设（2007）、省部级研发平台建设（2008）以及深职院教育教学改革项目"食品与生物技术专业群创新型技能人才培养模式的研究与实践（2012）"等为依托，与生物产业龙头企业华大基因深度合作，经过近十年探索，于2015年完成"产学研赛创合一"创新能力培养模式。经过5年多的不断实践与检验，成果日趋完善。

深职院生物技术专业学生的创新能力培养效果如何？我们可以从学生创新能力大赛和毕业生用人单位评价来回答。2019—2021年，深职院生物技术类专业学生获世界一流大学广泛参与的生物技术领域顶级赛事——国际基因工程机器大赛（iGEM）3项金奖以及4个含金量极高的"最佳项目"和"提名奖"等单项奖，获中国国际"互联网+"大学生创新创业大赛国赛金奖3项；深职院生物技术类毕业生深受深圳生物企业的青睐，其综合素质和创新能力受到企业普遍的赞扬。

我们的创新教育理念是如何形成的？我们的创新教育理念是"激活潜能、主动探索、享受过程"，这一理念是在长期的创新教育实践、观察、学习和思考中总结出来的。我们试图把杜威的教育哲学思想、马克思主义唯物辩证法等理论融入到我们的创新教育中，希望能形成引领职业教育创新理念。杜威的教育思想并非强调结果性的"知识"，而是强调体现探究性的体验。他认为，只有培养学生对探究的热爱以及探究能力，才能应对未来工作与生活中不确定性的挑战。他把哲学思想本义上的"爱智慧"转化成"爱教育"。应用到职业教育来说，哲学思想体现在"爱职业教育"，认为探究的过程其实也是创新能力培养过程。我们同时认为,"激活潜能、主动探索、享受过程"也是唯物辩证法在创新教育中的应用,突出以学生为主体的"内因"作用,通过教师这一"外因"来激发学生创新的潜质潜能,用发展的观点看学生,引导、陪伴学生的成长,共同体验创新过程中的"甜酸苦辣",享受成功的喜悦。我们还认为,我们的成果始终是螺旋向上发展,时代不同,内涵也会变化。

在项目的实施过程中,有几点体会与同行分享。

爱是职业院校创新教育的源泉。总体而言,职业院校学生的专业知识薄弱,创新能力欠缺,主动探索的能动性不足,因而过程中你会发现创新教育步履维艰,学生进步非常慢,容易失去信心。这需要专业教师有足够的耐心和爱心去引导、陪伴和鼓励学生。我们的实践证明,只要方法得当,循循善诱,坚持、坚持再坚持,一定会有明显的效果。因而,从本质上讲,职业教育是爱的教育,这种爱是仁爱,是恒久的耐心、包容、鼓励、陪伴与信心。

项目是创新教育最好的载体。"系统而持久的探究"是杜威对思考过程的诠释,思考的过程其实也蕴含创新的过程。项目的实施过程中,学生需要查阅资料、讨论和开展实验、总结,遇到问题,解决问题,因而,项目的研发是系统而持久的探究过程。教师和学生在项目实施过程中"共同谈论"和"共同倾听"都是"共同思考",也是"共同成长",学生的创新能力在项目的实施过程中也逐步养成。

优质赛事是创新能力培养的催化剂。创新能力是指人们在创新活动中表现出来的潜能,包括创新意识、创新精神、创新性人格等要素,创新创业类大赛具有探索性、创造性和科学性,是一个发现问题、分析问题和解决问题的不断挑战的过程。在竞赛活动中,学生获得成就和声誉的动机表现得非常强烈,学习兴趣和克服困难的毅力增强,学习积极性得到充分的发挥,这都有利于学生创新能力的培养。我们会选择具有理念先进、挑战性较强、赛事周期长、需要跨界组队的赛事来组织学生参赛,如国际基因工程机器(iGEM)大赛和中国国际"互联网+"大学生创新创业大赛，这些比赛驱动力强，能磨练意志、收获成就感。

优秀的教学成果是干出来的。 有同行问我，我们获奖最大的体会是什么？我毫不犹豫地回答：所有好的教学成果一定是扎扎实实干出来的，而且还需要不断的思考和完善。诚如伟大的教育家约翰·杜威所言，思考即教学，而他的实用主义哲学的核心是"深刻体验"。我们教学成果的理念、模式和方法的形成，其实也是不断实践和思考中提炼出来的。在本教学成果实施过程中，我当了3年多的实训中心主任，做过8年的专业主任（负责人），这种经历对我来说是异常宝贵的，让我对职业教育有着深刻的体验。专业在深职院是最基层的教学单位，是深职院人才培养的前沿阵地，而专业主任则是专业的排头兵，负责专业的人才培养方案制定、专业建设、校外实训基地建设、校企合作、招生和就业、组织和指导各种大赛等，同时，还要亲力亲为、悉力以赴，尽管工作繁杂，但却让自己深深经历职业教育的变革和挑战，受益匪浅。在"干"中"思"、"思"中"干"的不断循环往复过程，既积累了丰富的第一手资料和难得的宝贵经验，又推进了学生的进步和专业的发展。

本书是由张丽君教授、徐平利教授、谭丽溪老师和我共同完成的。张丽君教授是我专业教学和科研上最亲密的合作伙伴，我们一同制定专业人才培养方案，一同开展校企合作，一同指导学生参加各种大赛，也一同讨论教学和科研上的各种问题，我俩被同事誉为生物技术专业的"黄金搭档"，她是一位全能而优秀的一线教师；徐平利教授有着深厚的教育学理论素养，出版过多种职业教育研究专著，获中国高校人文社会科学研究优秀成果奖三等奖1项，他为人谦和低调，我们常常一起讨论各种职业教育论题，受益良多；谭丽溪老师年轻有为，从事创新创业研究与管理，出版创新创业教材一部，发表创新创业教育论文多篇。

感谢项目组各位成员的辛勤付出，感谢倪嘉赞院士、石琼院士、李梦卿教授为本书作序，感谢华大基因杨焕明院士、李治平副总裁、卢浩荣主任为深职院与华大基因的合作所做出的重要贡献，感谢深职院创始院长俞仲文教授给与的鼓励和指导，感谢深职院应用化学与生物技术原院长李世敏教授、食品药品学院刘冬院长、职业教育研究所卿中全所长的指点，感谢学校教务处、国际交流合作处、创新创业学院的大力支持。

由于时间仓促，水平有限，书中疏漏和错误之处在所难免，敬请各位读者批评指正！

2022年《中华人民共和国职业教育法》修订令人鼓舞，其以法律形式明确其教育类型的地位，并与普通高等教育同等重要，是对技术技能人才的肯定，更是对职业教育身份的法律认同，也是对未来更多接受职业教育学生的巨大鼓舞和积极引导；而《"十四五"生物经济发展规划》的问世，为我们描绘了未来灿烂的生物经济时代：基因重塑世界，改变人类的生产和生活方式，生物、信息、物质跨界大融合，世界经济社会发展的主流从"万物互联"转向"万物共生"，我们有理由相信，生物技术技能人才将有更宽广的舞台。

而我们的创新教育研究永远在路上，"产学研赛创合一"模式的内涵也会发生变化，呈"否定之否定"的螺旋式上升发展态势。

近现代杰出的职业教育家黄炎培先生说过，职业教育的宗旨是受教育者有业、乐业，这也是我们创新教育的愿望与期盼。我们相信职业教育，特别是生物技术职业教育明天会更美好！

2022年6月于深圳职业技术学院留仙洞校区

参考文献

图 书

[1] 约翰·杜威. 民主主义与教育[M]. 王承绪, 译. 北京: 人民教育出版社, 1990.

[2] 约翰·杜威. 确定性的寻求: 关于知与行关系的研究[M]. 傅统先, 译. 上海: 华东师范大学出版社, 2019.

[3] 施永川. 美国高校创业教育教学模式研究[M]. 上海: 上海交通大学出版社, 2020.

[4] 卓泽林. 美国高校全校性创业教育实证研究[M]. 北京: 中国社会科学出版社, 2019.

[5] 胡瑞. 新工党执政时期英国高校创业教育研究[M]. 北京: 高等教育出版社, 2013.

[6] 牛长松. 英国高校创业教育研究[M]. 上海: 学林出版社, 2009.

[7] 乔伊斯, 等. 教学模式[M]. 荆建华, 等, 译. 北京: 中国轻工业出版社. 2002.

[8] 王伯庆. 2020年中国高职生就业报告[M]. 北京: 社会科学出版社. 2020.

[9] 张凤林. 人力资本理论及其应用研究[M]. 北京: 商务印书馆. 2006.

期 刊

[1] 丁小球, 等. 生物类人才需求现状及就业建议——基于广东省部分生物技术企业的调查[J]. 中国大学生就业, 2007（14）: 113-115.

[2] 沈云慈. 地方高校创新创业教育支持体系的构建——基于产学研协同全链条融通视角[J]. 中国高校科技, 2020, 12: 72-76.

[3] 王立中, 等. 智能制药产教融合集成平台建设路径研究[J]. 泰州职业技术学院学报, 2021（3）: 13-16.

[4] 周俊. 以质量为核心推进职业教育持续发展——《国家教育事业发展"十三五"规划》解读[J]. 江苏教育, 2018（44）: 23-27.

[5] 范宗宪, 等. 营造创新教育氛围, 培养医学生创新能力[J]. 黑龙江医药科学, 2008, 31（5）: 74-75.

[6] 周瑁. 以物理实验竞赛为抓手大学生实践创新能力的培养[J]. 大学物

理实验，2018，31（4）：115-117.

[7] 郝晓冉，邴杰，陈金波，等. 大学生自主创新能力培养——国际遗传工程机器大赛简介[J]. 生物学通报，2017，52（7）：21-23.

[8] 王启要，等. 国际基因工程机器大赛对本科生综合能力培养模式的探索[J]. 生物工程学报，2020，25（12）：1457-1463.

[9] 谭丽溪. 以"互联网＋大赛"推动创新创业教育改革——以深圳职业技术学院为例[J]. 淮北职业技术学院学报，2020，19（4）：23-26.

[10] 王肖雨，等. 高校大学生创新创业问题及对策分析[J]. 经贸实践，2018（17）：339-340.

[11] 林月. "互联网＋"大赛背景下大学生创新创业能力培养探析[J]. 创新创业理论研究与实践，2019（21）：130-131.

[12] 邓岩，陈燕娟. 产业导向型大学生创业教育体系研究[J]. 科技创业，2018（5）：29-32.

[13] 曾广志，赵小峰. 产业学院背景下创新创业教育研究[J]. 科技视界，2019（34）：71-72.

[14] 范听俏. 国际创新创业教育研究现状及启示——基于Web of Science（2009—2018）文献的数据分析[J]. 技术经济与管理研究，2019（6）：36-40.

[15] 成家超. "学科—专业—产业链"视角下高校创新创业教育的内涵、困境与出路[J]. 教育观察，2020（14）：86-87.

[16] 黄兆信，等. 内创业者及其特质对我国高校创业教育的启示[J]. 高等教育研究，2011（9）：85-90.

[17] 黄兆信. 论高校创业教育转型发展的几个核心问题[J]. 兰州大学学报（社会科学版），2014（6）：147-154.

[18] 李志刚. 地方高校科技创新平台提升管理的对策研究[J]. 吉林工程技术师范学院学报，2020，36（04）：42-44.

[19] 徐涵. 我国职业教育课程改革的发展历程与典型模式评价[J]. 中国职业技术教育，2008（33）：52-55.